JN285763

季節感のある暮らし方 幸せ感のある生き方

吉沢久子

講談社+α文庫

文庫化によせて

　この一冊は『花の家事ごよみ』として、一九八九年にまとめたものであった。自分の本の中でも、とりわけ好きなので、私はずっと大切にしてきた。暮らしの中で見つけた幸せのかけらを、大事に拾い集めておいた小箱のような思いでまとめたからである。

　一気に書きあげたわけではなく、折々の日記のように、少しずつ書いては気長にためていたので、はじめのころからでは、たっぷり二十年以上の歳月が流れている。

　今度、文庫にというお話をいただき、ていねいに読み返してみた。ずっと以前に書いたものは、文章を書きかえたくなったり、表現しきれていないと思ったところには書き込みをしたりしたが、その過程でしみじみ思ったことがあった。私たちの暮らしの周辺はずいぶん変わってはいるが、この本の中に書いたことが通用しないと思ったところはなかった。それだけ、暮らしというものは変わっているようで変わってはいないのだ、と考えさせられたのだ。

暮らしに便利なものは「もうたくさんだ」といいたいほど身辺にあふれていて、家事労働はいくらでも省略できるし、豊かといえばそうも思う。けれども、一方ではたくさんの「ほしいもの」も出てきて、心は満たされているというより、貧しくなってきた傾向もあるのではなかろうか。

草も木も、必要以上のものは望まず、水や空気や太陽や、住みやすい温度など、基本的な命を育てるものさえあれば、元気に生きている。その姿から、私はいろいろなことを教えてもらったことを感謝している。

二〇〇一年十月

吉沢久子《よしざわひさこ》

はじめに

狭いながら、わが家の庭には四季折々の花が咲く。両どなりのお宅にはうちにない花も咲く。まだ農地を残していたころのお向かいさんには、植木畑もあった。商店街に出るまでの露地には、垣根に四季の花を絶やさぬように植え込みを作っているお宅もあって、なんとすてきなことをなさっているお宅だろうと、通るたびに私は感動をもって眺めさせてもらっていた。道ゆく人が、折々の花を楽しめるようにと考えられたにちがいない。

今も私が散歩道にしている善福寺川《ぜんぷくじがわ》公園は、川をはさんだ両側の緑地帯に、摘み草のできる場所が点在していて、野の花を見ることもできるし、春には嫁菜を摘んで、夏には野菊をとりにもいける。

公園への道はテラス団地の中を通り抜けていくが、どこのお宅も競うようにして花壇を作っているから、一軒一軒の庭をのぞき込む。いつの間にか庭の中の人と顔を合わせてあいさつを交わすようにもなっている。知らない花の名を教えていただいたのがきっかけであったりする。

私は、こんな身のまわりの野の草や庭木たち、あるいは、よそのお宅で丹精こめて咲かせている花々から季節を教えられ、それによって家事の手順を考える習慣が身についてきた。

今の家に住みついてほぼ五十年になる。その歳月の間に、いつか姿を見せなくなった木や草もあるが、植えた覚えもないのに大木になった木や、はびこり放題の草たちなどほんのささやかな庭ながら、そこに生きている自然の姿は、ときに見ているのが息ぐるしく感じるほど、それぞれが生きる場を競っているのがわかる。

かぎられた地域や、小さな庭に見る草や木とのつきあいの中で教えられたことを、私は、木や草へのお礼として書きとめておきたいと思った。

目次

第二章　季節の旬を食べる楽しみ

第三章　季節とともに暮らす幸せ感

第四章　自然とつきあい、心豊かに生きる

季節感のある暮らし方　幸せ感のある生き方

第一章　四季を楽しむ私の道楽家事

年はとっても女のお節句

桃の一枝と紙びなをもって、姪《めい》が訪ねてきた。そうだ、ひな人形を飾る季節であったと気がついた。暦の上では立春が過ぎたばかり、庭の桃はまだつぼみもよく見えない。けれども、街の花屋さんには、もうとっくに、桃はふくらんだつぼみをつけ、明日は花盛りという風情《ふぜい》で姿を見せている。

「ひとり暮らしだと無精《ぶしょう》になって、おひなさまを飾る気なんか起こらないのじゃないかと思ってさ」

あしらいにする花は何か庭にあるだろうと、桃だけを買ってきたといい、姪は庭に出ていったが、ちょうど似合うと思うものがなかったと、きんかんの実のついた一枝を切ってきた。

「これでどうかしら」
私は、八百屋さんの菜の花を買うと、塩ゆでにする前に二、三本を抜いてよくコップにさしておく。意外にきれいな花になり、のびるのも早い。ちょうど桃にあしらえる長さにのびていた。正月から、何度か買ってからしあえやおひたしにして食べているが、そのつど、二本三本とコップに生かしておくので、台所に小さな菜の花畑でもある気分だ。ちょっとあんかけ豆腐の天盛りに使ったり、葉を摘んで汁の青みにしたり、得意の利用法を考える。

こういうことは家族のいたときも今も変わらないが、しなくなったのは、ひな祭りらしい気分を演出すること。姑《しゅうとめ》の健在のころは、好きな内裏《だいり》びなの写真を飾り、桃と菜の花をいけて、「年はとっても女のお節句はしなければね」と、二人で白酒も飲んだ。夫は、そんな甘いものはまっぴら、といったが、はまぐりの澄まし汁とちらしずしは積極的に「作れ」といった。わが家流の白ごまをたくさん入れたおすしが大好きだったから。

都会暮らしには季節感がなくなったといわれはじめたころから、私はよ

く、たとえ話に、

「男の子ばかりの家庭でも、お母さんのお節句として、たとえば内裏びなの色紙と桃の花だけでも飾って、ひな祭りらしいごちそうを作ってみてはどうだろう、それだけでも季節を感じることができるのでは？」

と、お母さん方の集まりなどで話した。自分もそれで、季節を味わっていたのだが。

姪の来訪は、今年、忘れかけていた私の年中行事を思い出させてはくれたが、やはり無精になったのかと、ややショックを感じた。

桃の節句や端午《たんご》の節句には季節感も色濃いし、食べ物にも特徴があるから、女の子がいないから、男の子がいないからといったことではなく、生活の中にハレの日を作ることで、みんなが季節を味わうきっかけにすればいいと思う。

おとなりさんの桜

この木なら百年以上はたっているのじゃないか、とだれもが見上げる山桜の大木。おとなりさんの庭にある。これだけ大木になると、遠くから眺めなければ花の美しさがわからない。下から見上げると、美しさより、ちょっと気味悪さも感じるのは、花のあとには毛虫の季節がくるからだ。

ずっと以前はわが家の庭にも八重桜が二本あって、おとなりさんの桜のあとに八重が咲いた。その六分か七分咲きの花を、はしごをかけて摘みとり、塩と白梅酢をふりかけて重石をのせ、十日ほど漬けたら日に干して、もう一度塩をまぶして貯えておいたものである。

桜湯として、結婚話のきまったことを報告にみえた若いお二人に出して喜ばれたり、急なお客におすしをとったとき、お澄まし代わりに使ったりと、けっこう重宝したことを思い出す。でも、あまり毛虫がつくので、一時期は木の下を通るのに大きな蛇《じゃ》の目《め》の傘をささなければ恐ろしかった。

とうとう二本とも毛虫怖さに切ってしまったが、花は美しかったのにと、よく思い出す。

けれども、桜の季節の花を見ることには不自由はない。おとなりさんの桜は、咲いているときより花吹雪のときがなんとも美しい。いつもおとなりの奥さまから、落ち葉や花の散るころになると「ごめいわくでしょうに」とごあいさつを受けるが、こちらもけっこう楽しませていただいている。

近くの団地には桜のトンネルができる。三分咲きあたりのころから、歩いて一分か二分のそこに、毎朝、花を見にいく。さらに五分ほど足をのばして善福寺《ぜんぷくじ》川《がわ》公園のあちらこちらの花も見て歩く。ここも、八重桜の終わりまで桜を見るのに楽しい場所である。めぐまれた環境にいることにいたく感謝している。

桜が終わると春もたけなわになる。このころになれば虫も活躍しはじめるし、都会の小鳥たちも食べ物に困らないようだ。私は、小鳥の食べ残した、まだ食べられるしなびていないきんかんの実だけを集め、マーマレードを作る。少しばかり作るきんかんのマーマレードはすてきにおいしい。

こぶしの花が咲くと

桜とともにこぶしが咲く。

私の庭にこぶしの木はないが、ご近所のお宅にかなり大きな木があって、塀の外にまで枝をのばしている。

こぶしが咲くと、ある思い出がよみがえる。

ずっと前だが、何かの折に農家から種もみを少しもらって、プランターで稲を作ってみたことがある。しばらく家事見習いにと私の家に来ていた若い人が、農業高校の出身であったので、私たち夫婦は、その娘から稲がどんなふうに生長し実るのかを話してもらったことがある。なんとなく、田植えとか草取り、刈り取りといったことは見ているが、こまかいことは知らなかったので、せっかく農業高校出の娘が身近にいるのだからと、勉強会を開くことになった。当時八十八歳になっていた姑も、それに参加したいといい出して、週に一回、金曜日の夕食後に一時間ずつ講義をしてもらうことにきめた。

若い人はすばらしいと思った。私たちがその申し入れをすると、さっそく、母校の先生に手紙を出し、参考書を取り寄せてもらい、準備期間を一ヵ月おいて講義がはじまった。

生徒は私たち家族三人と私の友人が一人。四人は、ときどき宿題を出されてまごついたりしながら、稲の分蘖《ぶんけつ》のしかたなどという知識を得た。

夫はいっていた。

「ぼくたちが知識を得る以上に、若い彼女は自分の学んだことに自信と誇りをもつだろうと思うよ」と。そして、

「この学校ごっこは、ぼくたちにとっても、スゴイ勉強になったね」

ともいっていた。

そのとき、こぶしの木を「種まき桜」と呼ぶ地方があることも知った。こぶしの白い花が咲くと、稲の種まきをするというのだ。私は、プランターにじかまきする種もみを、ご近所のこぶしの花を合図にまいてみたのだ。ちゃんと稲の花も咲いた。それはルーペで見なければこまかいところはわからない小さな花であったが、私は、はじめて近くで稲の花を見、手でふれてみたのだった。

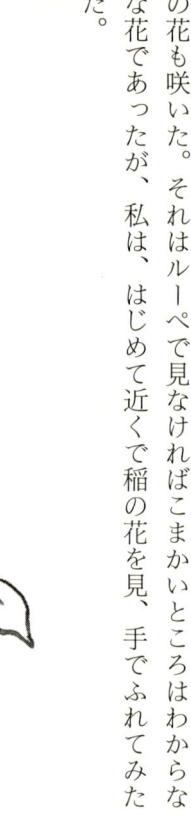

桐だんす

桐の木を植えているお宅が、いつも私の散歩する道に三軒ある。お向かいのうちと、そこから数軒先の家、さらに三百メートルほど離れた角の家と。

ご近所のお宅は、家を建て替えたときに木を何本も切ってしまわれたが、桐はそのまま残っている。いや、場所は動かされたような気もするが、はっきりとは覚えていない。

桐の木が残されたのをたしかめたとき、私に関係ないことなのになにやらほっとした。お向かいにはお嬢さんがいるので、もしかしたら、あの桐でたんすが作られるのかしら、と考えたことを覚えている。

昔は、女の子が生まれると桐の木を植えたといわれる。その子の嫁入りのときのたんすにするため、とのこと。村の道を歩き、家のまわりを眺めると、たしかに、桐の木の植えられている風景を見たものだ。

このごろは、列車の旅をしても、あんまり速く走るので、窓の外の風景は遠景しか見えない。近くは、窓の外を飛んでいくようなな、見ているとくたびれてしまうものしか目に入らないから、つい、本を読んだり居眠りをしてしまう。自分も超特急の乗り物にしか乗らないから悪いのだが、のんびり、ゆっくりの旅をしなければと思う。

いつか、日帰りで新潟に行ったとき、もうすぐ終着駅だと思い、ふっと窓の外を見たら、いきなり桐の木が見えて、あちこちに同じくらいの桐があることに気がついた。あ、ここは？　と思って窓の両側を見ると、たしかに加茂のあたりという見慣れた風景があった。やはり、桐だんすの産地として知られた土地柄だから、まだ、この程度に桐も植えられているのかと考えた。材料がこの周辺だけでまかなわれているとは考えられないが、やはり桐はあった。

薄紫の桐の花が咲く四月の末から五月のはじめごろは、夜と昼の気温の差がとくにはげしく感じられるときだ。昼の間は真夏のようなときもあるのに、急に冷えてくる夜。明け方は肌寒くさえあってあわてるが、そんな季節を教えてくれる花だ。

わが家のまわりのまだ半農のお宅や古くからの地主さんの家の庭などに桐は健在だが、娘さんの嫁入りに一本をたんすにするというお宅は、ほとんどないようだ。そんな家の前を通るとき、私は必ず桐をたしかめる。

ライラックの香り

今年はライラックが消えかかっている。なんとかしてやらなければいけない。ずいぶん大きくなった時期もあったし、いくどか、梅雨《つゆ》のころにさし木をして、人に分けたこともあったのだが、ここ数年、あまり大事にしてやらなかった。

もっと条件のいい場所に移してやるか、大きめの鉢植えにでもすることを実行しなければいけない。二ヵ所に植えておいたのだが、一ヵ所は、種から芽生えた夏みかんの木とお茶の木が傍でどんどん背をのばし、ライラックはその下にもぐってしまって、うっかりしているうちに消えてしまった。というより、枯れてしまったのだ。気の毒なことをした、と後悔してもあとの祭り。

気にはかかっていたのだが、出歩いたり、庭を歩く時間も惜しんで、しなければならない仕事のためにあとまわしにしていた草むしりや枝はらいがとうとう手おくれになってしまった。のら猫がかきまわしたり、子猫を連れてきてはそこで遊ばせるのも木をいためたのか、たくさんの枝が折れてしまった。

人の保護が必要なほど弱い木とも思っていなかったが、花が少ないなと思った去年の夏に一本は枯れてしまった。そして今年また一本、あぶない姿だ。今度こそ助けなければ。

札幌市の花はライラックだ。花の季節の住宅街で強いこの花の香りに出合ったとき、同行の東京生まれの若い女性が、

「あら、香水みたいなにおいの花」

といったのが印象に残っている。

わが家のライラックは、私ども夫婦にとってとても大切な友人からいただ

いたものであった。鉢植えの小さな木であったのを、庭におろして、もう四十年以上たったものであったのに。

この花が咲きはじめると毎年、夫の誕生日に集まってくださる方々のために、今年はどんなごちそう作りをしようかと、献立作りを思い出させてくれる花であった。小さな薄紫の花が、集まって咲くと、遠目には清楚な中にあでやかさがあるといつも思っていた。

枯らしてしまっては残念。早く手入れをしなければ。

「当帰」の存在感

ふだんは目立たないのに、何かの折にきわだって存在感を示す、そんな人がいるものだ。動物たちにもそういうのがいるし、植物にもある。

ご近所に住む高見沢たか子さんの家の猫もそうだ。四匹いるうちの最古参のウル君は、たいていのことではあわてずさわがず、冬はストーブのまん前に、夏はソファの上などで孤高を楽しむかのようにじっとしている。後輩どもがさわぎまわっても知らん顔。訪ねていった私はウル君にすぐには気づかぬこともある。

それが、家のまわりによその雄猫の気配などすると、うなり声をあげて外に出ていく。その敏捷《びんしょう》な動作は、ふだんとはまったく違う。何度か私もそんな姿を見ている。

私の家にはペットはいないが、畑のすみに根づいているトウキがそうだ。知人が山からとってきたのを分けてくれたのだが、もう四年ばかり、夏ごとに白いこごめのような花を見せてくれている。せいぜい二、三十センチの高さで、暗い緑の葉は、まわりのどくだみなどと混ざっていると、とくに目立ちにくい。そのくせ、草むしりをして、うっかりトウキの葉をむしってしまったとき、プーンと立ってくる薬草のにおいには、ものすごい存在感がある。

このトウキ、子どものように、のどから首すじにびっしりとあせもができて外出もできなかったときにいただいたものである。お風呂《ふろ》に入れたり、煮出した汁をペタペタとあせもにはたきつけなさいと教えてもらったが、本当の薬草らしい香気に魅力を感じて、三本ばかりを植えておいた。一本の茎から何本もの枝を出し、その先に白い花をつける。私はあせもの薬にもらったが、本で調べたら婦人科の薬だそうだ。

トウキは当帰と書く。この花が咲くと私は動物の条件反射みたいにあせもの用心をするようになった。タルカンパウダーは買いおきがあったかしら、水まくらは今年も使えるかしら、などと汗よけに涼しく眠る用意の点検をする。汗をかいたらすぐシャワーを浴びればいいのだが、眠っているうちに汗をかくのがいちばん悪いようだから。

初秋の香りジンジャー

宮沢賢治の言葉でいえば、今年の夏は「寒さの夏」であった。気温は上がらず、クーラーを使った日は少なかった。

その八月の終わり、珍しい花との出合いがあった。私にとっては珍しい花であったが、もう、ずっと前から知っている人にはなじみもあったのであろう。近所の花屋さんの店先にある高価な花ばかりを入れてあるガラス張りの戸棚の中に、白い蘭《らん》に似た花を見たのだ。

「ジンジャーですよ。今年はよく売れますがね。香りがいいせいでしょうか」

私が花の名を聞いたのに答えてくれた花屋さんは、このごろは花も輸入ものかどうかをよくたしかめなければわからないといっていた。花の姿から、新しく外国から入ってきたものかと思って聞いたことには、はっきりとは教えてもらえなかった。

それから数日して、思いがけず訪問客からジンジャーをいただいた。近くでよく見ると、清楚ではあるが華やかさももつ花で、何よりも香りは魅力があった。わが家のようなあばら家には、こんな花が入ってくると、家のみすぼらしさが目立つな、と思った。

蘭なども、長もちしてすてきだけれど、もっときれいで広々とした部屋に置いてもらえたらと、蘭が嘆いているように見えて、あまりのぜいたくさに落ち着かないのだ。その点、ジンジャーは誇り高さをむき出しにしているようなところがなく、気品はあるけれど親しみやすい。

私は、庭にしょうがを植えるけれど、その花を見た記憶がない。晩春のころ、芽の出かかった安いひねしょうがを買って、それを土にいけておくだけなのだが、葉がのびると、ちょっとざるそばの盛りつけにあしらったり、お風呂に浮かして香りを楽しむのが好きなのだ。食べる気はなく作っておくのだが、根元にちょっぴりつく新しょうがは、香りの点だけは絶品だから、すりおろして、お澄ましやみそ汁に「しのびしょうが」としてしぼり汁の一滴を使うといい。

私にはゆずにおとらぬ初秋の香りだ。

食べてもおいしいへちま

へちまの化粧水を作りたいと思い、いつも花のことを教えていただく近所の方に話したら、梅雨どきに苗をもってきてくださった。

ちょうど夏の夕陽をさえぎるのに都合がよいように、ベランダの西側に植えておいた。つるが這《は》いまわって、大きな葉が日かげを作ってくれるのを楽しみに、針金でも張ってへちま棚らしきものを作ろうかと計画を立てた。

やがて、のびにのびたへちまは、真夏の太陽をちょっとばかりさえぎって、やわらかな緑色の光をベランダにそそぎ、とてもきれいに見えた。へちまは雌雄の花が同じ株に咲くし、雌花はつぼみのうちから実をつける姿をしているので、見分けができる。暑さで早起きする夏の朝に、雌花が咲いていたら雄花の花粉をつけてやる仕事が増えた。

へちまの実は食べられる。きゅうりほどの大きさになると、薄切りにして私はいため物を作る。ズッキーニ代わりにして野菜だけの煮込み物に使ったり、皮をむいてごく薄く刻み、好きな味のサラダドレッシングで食べるのもおいしい。たわし代わりの台所に置くへちまは一個だけ大きく育てるくらいで、あとは食べてしまうことが多い。

何も肥料はやらないが、みみずがよく耕してくれた黒土には、植物たちを育てる力がいっぱいに貯えられているのだろう。

九月に入って、枯れ葉が多くなり、ひとつ残したへちまが精いっぱい大きくなったと思ったところで、焼酎《しょうちゅう》を入れて振り洗いした消毒済みのビールびんの口に、根元から三十〜四十センチほどのところで切り離したへちまの根元の茎を入れる。ゴミが入らないようにまわりをガーゼで包み、びんを斜めにして、へちまが吸い上げる水を受けやすいようにしておくと、びっくりするほどの早さで水がたまっていく。三日くらいでびんいっぱいにたまった。それが三本。

以前、私は何も知らず、のびた茎から水が下りてくるものと思い込んで、上の茎の切り口をびんに受けて失敗をしたことがある。これはまったく水が出てこなかった。

へちま水はせき止め薬にもなるという。薬品をまかない、うちの庭の土から吸い上げて、へちまの根や茎を通した水が、ありがたい薬になるとは、うれしい話だ。

消えた白粉花

年々歳々《ねんねんさいさい》、同じ眺めとはかぎらないのに、その季節になると、忘れていた花々を思い出すものだ。

この何年、ずっと、暑い盛りから初秋のころまで庭じゅうのあちらこちらにわがもの顔で場所を占領する白粉花《おしろいばな》が今年はついに姿を見せなかった。みずひきの美しい紅の花穂を見ながら、残念だったな、と思う。

白粉花が咲かないのには理由がある。じつは、今年もたくさん芽を出したのに、きれいさっぱりと引き抜かれたからであった。二、三日、家の中の整理などを手伝ってくれた人がいて、庭の草むしりもしていってくれた。地方の町に住むおばさまで、大阪の娘の嫁ぎ先を訪ねた帰り、数日東京にいるつもりだから、ひとり暮らしのあなたの家の中も、ちょっと片づけてあげるといって立ち寄って本当に働いてくれた。

私よりちょっと若いが、立派な庭のある大きな邸宅に住む何の不自由もない人だ。家にいると嫁は下にもおかない扱いで、なんとなく、勝手気ままに掃除なんかできない雰囲気だそうで、私のうちで草むしりなんかするのがとても楽しいという、いいご身分の人なのだ。

そのおばさま、雑草なんてひとつも生えていない自分の家の立派な庭を見つけているせいか、草ぼうぼうのわが庭にあきれて、片っぱしから草を抜き、白粉花も花大根も、双葉の状態のときに根だやしになったわけで、「あれっ」と、思わず私は声を出したが、

「どう、なめたようにきれいになったでしょ。うちでこんなことすると、息子から家族にあてつけがましいといわれてしまうから、きょうは気持ちよくできたわ」

彼女はいい気分らしかった。

そんな彼女にちょっと批判的になった私は、白粉花かわいさのためだったようだ。それからしばらくしてみずひきが芽を出したとき、私もうっかり雑草と間違えて引き抜いてしまい、途中で気づいて残したのが、今、盛りのみずひきの姿なのである。

小さな駅の秋桜

旅をしていて、ああ、私は今旅をしているのだと実感するのは、急行の停まらない小さな駅にいるときである。このごろは、めったにそういう駅に出合うことのない旅ばかりしている。新幹線のホームはどこへ行っても同じように、高いところに殺風景に作られているし、売店までが同じ姿だから、駅に着いても窓の外を眺めて風景を楽しむこともできない。

私は、小さな駅のたたずまいが好きだ。駅舎のまわりやプラットホームの片すみに、駅員さんの丹精の草花を見るのが大好きだ。眠くなるような春の日ざしの中で、駅のトイレのわきにアネモネが畳一枚ほどの花壇にびっしりと咲いているのを列車の窓から見て、いっぺんに眠気が吹きとんだこともあった。本当に目のさめる美しさであった。色や花の形を考えながら作ってある花壇があったり、それぞれの駅に勤める人の気持ちが見えて、小さな駅と草花のつながりは旅情を感じさせてくれる。

中でも私は、コスモスの花の季節が好きだ。作りやすい花だというから、どこにでもあるのかもしれないが、弱々しく見えながら、風に吹き倒されてもまたすぐ立ちなおる野性味のある花が、いかにも、小さな駅舎に似合うのだ。そろそろ日の短くなる季節ということもあるのか、私は、駅でこの花を見ると、まだ気温も高くおだやかなのに、あ、セーターをもってきたかしら、などと思うことがある。

これには、ひとつ思い出があるからだと、自分ではよくわかっている。少女のころに、コスモスの咲く季節、秩父の山へ遊びにいった。男女六人のグループで、日曜日などよく山歩きをしていたが、たまたま、山小屋へ一泊の予定をたてて土日の山歩きを計画した日が、東京は小雨であった。まだ、今のように天気予報もしっかりとしていなかったし、もちろんテレビなどない時代で、新聞の天気予報に東京は小雨とあったのを頼りに「このくらいの雨なら平気平気」と出かけてしまった。

山に慣れている人なら、たいしたこともなかったのだろうが、山路に入ってから雨がはげしくなり、雷が鳴り出して、足もとからモヤが立ちのぼってくる感じで、本当に、ちょっと離れると一列になって歩いている前の人が見えなくなった。

そのうち、一人が冷えたせいかおなかが痛いと訴え、「もう歩けない」といい出した。軽装であったし、雨の用意といえばレインコートだけで、私はカーディガン一枚と油紙でできたマントみたいなものをもっているだけであった。その日は夕方早く山小屋へ着ける予定であったのに、道を間違えたようであった。

暗くはなる、雨足は衰えない、しかたなく落ち葉の乾いている大きな木の下に入り、病人にできるだけ衣類をかけてやって、野宿をしようということになった。さすがにみんな深刻になった。男の子はセーターを脱いで病人に着せ、ブルブルふるえていた。病人は女性なので、私ともう一人の女の子で病人に寄り添い、三人の体温でお互いを温め合った。

食べる物は、みんなリュックに詰め込んでいたので心配はなく、とにかく、夜が明ければ、男の子は山小屋さがしに出るという相談がまとまっていたので、歌などうたいながら、寝込むことだけはすまいとお互いをはげました。夜が明けたら、山小屋は意外に近く、どういうわけか、ほんの少し道をあやまり、山の中に迷い込んだようであった。

そのとき、登山口に近い駅で見たコスモスのせいか、以来この花を見ると、反射的にセーターとかカーディガンの用意はあるかと思うようになった。

秋桜とも呼ばれるコスモスは、荒れ地にでも咲くし、作りやすいといわれるのに、わが家の庭には、何度か苗を植えてみたが、みんな立ち消えしてしまう。土と相性が悪いのかもしれない。好きな花なのに残念だ。

あとにも先にもこれっきり、という言葉のように、野宿の経験はそのときだけだが、真の闇というものに出合ったのもそのときだけだと思う。

新しい年を迎えるとき

今年のお正月は、なんとなくいつもとは別の雰囲気で、おめでとう、という言葉を晴れ晴れと口にするのをだれにともなく気がねするムードが街に流れていた。

昨年の暮れに、季節用品としての新年向けの雑貨を商う人と話していたら、

「どうも、今年はまったくといっていいくらい品物が動きませんから、商売はまるでだめです。昔のいい方をすれば、もちもつけないというところですね」

といっていた。

正月だからと、とくべつなことをしなくなって久しいが、私は、新しい年を迎えるとき、台所の雑貨とか下着類の古びてきたものを整理して新品に替える習慣はずっとつづけてきた。

台所の小物たち、たとえば菜ばしとか台ぶきん、たわしの類《たぐい》や焼き網、密閉容器のようなものも、使いつづけていると汚れがあまり気にならず、他人が見たら「えっ？」と思うようなものを、けっこう平気で使っている場合もあるのが日常生活である。何かのきっかけをチャンスに、ぱっと一新するとまた生活に鮮度が出てくるものだと思う。

何かのチャンスを、私は「正月の花がいけ込まれた日に」ときめている。若いときからの友だちが、いけ花の先生をしているので、正月の花はもう何十年も彼女がいけ込んでくれる。いつも、豪華な花を持参でいけてくれるのだが、日もきまっていて十二月三十日。

「今年は、いけ花も地味なのよ」

ということで、例年の金銀の水引を結んだり、華やいだいけ方を避けて、私には好きな感じのお花になった。建て替え時期にきている倉庫みたいなあばら家には、いつも不似合いな豪華さで私は気がひけるのだ。

大王松、千両、菊などなど、花材はあまり変わらないが、すべてに「小ぶりでひっそりとした姿にまとめられているのがわが家にはぴったりだ」と友だちにいった。そしてまた、

「来年もいいお正月が迎えられたら、こんなふうにいけてほしいわ」

何をいっても許してくれる長年の友だちだから、そんな無遠慮な注文をつけた。

福寿草と正月

何年前だったか、正月の客が手みやげにくれた寄せ植えの福寿草が、あんまり小さな鉢に入れられているのが気の毒に見えて、庭におろしてやったことがある。それが、毎年、花をもつようになって少しずつ広がったが、鉢に入っていたときとは似ても似つかぬ、間の抜けたほどに大きくなって、のびやかな花になった。

そのため、だれも福寿草だとは思わず、

「この花、珍しく寒いとき咲くのね。何ていう草なの」

と聞かれた。

私も、はじめは庭におろしたことも忘れていた。なにしろ、福寿草の上に夏は枸杞《くこ》がのび放題に枝をのばし、下に何があるのかわからぬほどに葉を茂らせ、秋には赤い実をつけるので、そのほうに目をうばわれ、陰にいる福寿草のことなど、きれいに忘れ去っていたからだ。

それだけ、荒れるにまかせてある庭なのだが、みんな命あるものたちなので、すさまじいくらいに生きる場を求めて競い合っている。あるときは、その生き物たちの競い合う声すら聞こえてくる気がする。静かなようで静かには感じられない活気がある。いいわけめくが、私はそういう植物たちの姿が好きで、人が手を貸してやらなければ生きられないような、はかなげなものは好まない。

「こんな大きな福寿草は見たことがないからもらっていく」

と、知り合いの人が面白がって掘っていったのは昨年だったが、そのあとに、山歩きをしてとってきたという万年青《おもと》を植えていってくれた。

今年はその実が冬の庭にきれいな紅の色を見せ、人の足もとに華やぎをかもし出してくれている。年の瀬の思わぬ雪には、この実がとくべつに目立った。あの福寿草は草花好きの知人の家の庭で、今年はきっとまともな花をつけているだろう。

福寿草は正月と結びつく花。毎年、正月の花をいけにきてくれる友だちを思い出し、この花が咲き出すと、正月用の花器を用意しておく。

寒中に咲くろうばい

ご近所に住む植物のことにくわしい方と知り合って、私は、ずいぶん多くのことを教えていただいた。

たとえば、またたびの実に、すんなりとしたうり形のものと、ゆり根を小型にしたような平たいゴツゴツしたものとがあること、そして、薬用にはそのゴツゴツ型が効果があるという話など、はじめて聞かされた。ゴツゴツ型をとってきて、お酒につけてみなさいと分けてくれたり、塩漬け用にと私もなじみのある形のまたたびをくださったり。

何でもよくご存じで、知らないことなどないみたいに、私のような素人《しろうと》の聞くことには答えてくれる。

年の瀬に、

「今から家の中に入れてやれば正月にちょうど花が咲くだろうから」

と、二メートル近いろうばい（蠟梅）をご自分の庭から切ってきてくださった。なんとも豪快な一枝で、圧倒され、私には手がつけられず、そのまま、枝先は何もないので少し切り、少し前に好きで買ってしまった大きな壺《つぼ》に入れた。あしらいにちょうどいただきもののかすみ草と大輪のガーベラがあったのを使った。

　数日したら正月の花を友だちがいけにきてくれることがわかっているので、ろうばいは玄関に置いた。室内が暖かいせいか、つぼみはすぐに開き、高い香りがあたりに満ちた。去年の暮れにもいただいたっけと、香りで昨年のことを思い出した。

　一月の終わりの、春のようにおだやかな気候の日、神代《じんだい》植物公園に行った。冬芽を見ようと数人の友人たちと行ったのだが、寒中に咲く強い香りのろうばいに出合った。どの花よりも早い開花を知った。もっとも、あと数日で立春という季節だから、ぼけ、桃、まんさくなども少しは咲いているし、雪柳が盛りであった。

花芽、葉芽をルーペで拡大して見たり、すでに咲いている春の花を見て、深大寺《じんだいじ》門前でおそばを食べて帰ってきた。

翌日、テレビの気象情報で上越市で三十三日早く梅が咲いたことを報じていた。梅前線の便りである。

きんかんが色づくころ

もう三十年近くなるだろうか。

わが家のきんかんは、毎年よく実って、冬の間の小鳥たちに喜ばれている。「喜ばれている」というのは私の勝手な想像だが、たしかに、餌《えさ》のない季節はひよどりが朝からバタバタと群れてきてにぎやかだし、夕暮れどきもまたひとしきり。うるさいほどにさわぐ。

差別しては悪いけれど、私はひよどりを好きになれない。なぜかといえば、無遠慮で行儀が悪く、声も悪い。ほかの小さな鳥たち、たとえばすずめやめじろが、私が木の枝に刺しておくしなびたりんごを食べにくると、どこで見ているのかと思うほどさっそくに飛んできて、小さな鳥たちを追い払う。それが憎らしい。

「きんかんを、おばあちゃまに」と夫が小さな鉢植えを買ってきたのを土におろしてみたら、急に元気になってどんどん生長し、今では私の背丈をはるかに越えている。何も手入れをしてやらないのに、くる年もくる年も律義に実をつける。小鳥のためにと冬じゅう実をつけたままにしておくのだが、花の少ない季節だけに、台所の窓から眺める景色としては、とてもすてきだ。

　晩春の白い小さな花も、いかにも控えめできれいだが、目立たないために、つい忘れていることが多い。ゆっくり見てあげなければ、と思ういい花だ。

　実が色づいたら、もうすぐ厳しい寒さがくるな、と思い、落ち葉を集めて米のとぎ汁をかけ、使い残しているぬかがあれば混ぜ込んで、むしろをかけておく。春まで置いて、暖かくなったら、あれこれ草花の苗を買ってきて鉢植えを作るための土作りである。野菜作りの肥料に使ってもいいと思い、とにかく落ち葉も大事にする。私の道楽家事とでもいうのか、こんなところに

時間や労力を使うことを、楽しみにするようになったのは、草や木に、そして花に親しみをもつようになってからだが。

亡くなった姑はよくいっていた。

「草木は人を裏切らないのよ。いっしょうけんめい手をかければ、必ずそれに応えてくれるものよ」

何度も聞いた言葉だが、姑がいなくなって私の仕事になった植物たちとのつきあいに、いつも思い出している。

せりのたんぼ

千葉県の八日市場に、ギリシア正教の教会があり、そこに山下りんの描いたイコンがある、そう聞いてさっそく出かけていったのは十二月はじめの意外に暖かい日であった。

同行五人、メンバーは女性史の研究会員で、みんな山下りんという女性に関心をもっていた。たまたま太田治子さんの『ノスタルジア美術館』を読んだ私が、八日市場へ行ってみたいといい出したことに、みんな賛成してくれて、一日の小旅行になったわけであった。以前放映されていたNHKテレビの「日曜美術館」を見ていた人は先刻ご存じのことなのに、私は太田さんの本の受け売りで、八日市場に向かう電車の中で、いっしょうけんめい山下りんについて話した。

じつは私たち、早くから海外に出て活躍した女性のことを調べてみよう、ということで勉強会を作ったのだが、思いだけ先にいって、なかなか勉強が追いつかない。でも、機会を得ては、めいめいの目で資料を集めるなどはしている。

だから、明治のころイコンを描くためにロシアに渡った日本人としては初の聖像画家である山下りんのイコンを見にいきたい、とだれかがいえば、仕事の都合がつくかぎり、さっと行動をともにする気をみんなもっているのだ。暮らしのための仕事はみんな別にもっているのだから、なかなか専心できないのだ。

ところでその八日市場へ行ったとき、おだやかな風景の中に、正月用の出荷にそなえたせりが一面に作られているのをはじめて見た。せりのたんぼというのか、水面から青々と茎や葉をのばしているせりが、本当に、水田のようにつづいていた。

寒いのに水に入ってせりをとったり、流れ水で洗っている人を見ながら歩くのが、とても気がひけてつい声をかけてしまった。

「今とってしまったら、お正月のがなくなりませんか？」

自分ながら間の抜けたことを聞いてしまったと思ったが、

「順にとるから大丈夫だ。このへんはこれの産地だから、たっぷり作ってあるさ」

青いものが乏しいころのせりのみずみずしさは格別で、香りもこのうえない。なべ物、汁の実に、お正月でなくてもぜひほしい野菜だから、出荷すればどんどん売れるにちがいない。

この青い栽培ぜりだけは東京でも根つきで売り出されているから、私は、せりを買うとまず茎を四、五センチ残して切り落とし、根は、庭のすみや庭の水場の近くに埋めておく。ごく簡単に土をかけておくだけだが、それが根づくと、ひとり暮らしの食事には、汁の実や、ちょっと煮物に青みを飾りたいときなど、不自由しない。鉢植えにしても一度は芽を出す。土にいけたように繁殖はしないが、けっこう楽しいものだ。

とくに、せりの花は美しい。白い小さな花が集まったところは、なんともいえず気品がある。せりが白い花をつけると、私は一本を細身のグラスにさして、夫の写真に供えてやる。生前、一日じゅうそこを動かずに本を読んでいた夫の机の上に、あんまりきれいだったので、せりの花を摘んでだまって置いたら、しげしげと見ていた。

あまり花など見ることのなかった夫も、野の花には関心をもっていたので「せりの花だけど、知らなかったでしょう」と教えたら、それから当分、だれかみえるとせりの花というのは白くて、こんな小さいが、じつに凛《りん》とした姿だと話していた。何かに感動すると、当分はそれに夢中になる夫の性質をよく知っているので、

「やっぱり、せりの花に参ったらしい」

と、私はかげでニヤニヤしていた。

八日市場の師走《しわす》の風景の中で、そんなことをふっと思い出しながら、もし

かすると、あの花をつけたせりも、この土地から東京に出荷されたせりであったかもしれないな、と考えた。いや、そうにちがいない、それだったら、わが家の庭のせりのふるさとの風景を、しっかりと見ておこうと、せりのたんぼを見渡した（根つきのせりを買ったら、根を植えてみること、これもどなたかためしてみませんか）。

さざんかの垣根

巽 聖歌《たつみせいか》さんの「さざんか、さざんか咲いたみち」ではじまる、あのなつかしい童謡を、つい口ずさみたくなる道が、わが家のすぐ近くにある。かつて日立製作所の社長さんでいらした倉田主税《くらたちから》氏の住んでおられたお宅のまわりである。

秋深くから真冬にかけて、紅、ピンクと白のしぼり、白と、順に咲くさざんかの垣根が道を歩く人の目を楽しませてくれる。春にはまた、れんげつつじがみごとに咲き、私の家を訪れる人はよく、

「こんなきれいな道があるなんて、すてきですね」

といってくれる。

倉田さんは清廉《せいれん》なお方であったと聞く。私財を多額に寄付されたりしたことは新聞で知ったが、お住まいも質素にしておられたようだ。ご夫妻やご家族と道で会えばごあいさつをしていたが、お宅の中まで入ったことはなかった。しかし、垣根に季節おりおりの花を咲かせる心ばえとでもいったらいいのか、外から楽しませてもらう私たちには、ひとしお、そこに住む人の見識のようなものが感じられた。

倉田さんが亡くなられてもう何年になるか、奥様もだいぶお年をとられたようにお見受けしていたが、昨年、引っ越しをされた。今はまだ、あとに住む人がいないようだが、垣根の花は今年も咲いている。

今は、さざんかから椿《つばき》に代わろうとしている季節。やがて春がくれば、またつつじが咲こう。垣根の上に、枝をのばしているこぶし、もくれん、はなみずき、たいさんぼくなどの美しい花も見られるだろう。倉田さんも、天国から見ておられるのかな、と思うことがある。

もと倉田さんのお宅の庭木たちが、春らんまんを告げてくれるころから、私は気がせいてくる。梅雨前に、書庫の掃除を終わらせておきたいと思うからだ。

あんまり美しい花々の姿に見とれて日々を過ごしてしまうと、すぐ、菜種梅雨、走り梅雨と、きてしまう。でも、まあいいやと思ってしまうのは年のせいだろうか。

(倉田さんのお宅の跡に、今は何軒もの家が建ち、わが家の近くからこの風景は消えてしまった)

机の上のささやかな春景色

東京にもよく雪が降るが、そのたびに春がかけ足でやってきているのだろうと感じる。梅の花ももう終わったと思うころに雪が降り、朱色のぼけの花に雪の積もった美しさには、つい見とれてしまう。東京はよく三月に大雪が降る。

うちの庭のぼけは四季咲きとでもいうのか、いつも花がある。毎年よく実るのでぼけ酒を作る。風邪ぎみでのどのいがらっぽいときなど、寝る前に小さなリキュールグラスに一杯飲んだりする。

かりん、菊の花の酒なども風邪ぎみのときの飲み物にするが、わが家のぼけの実には、ひとしおの親しみがある。ふんわりとかぶった雪を支えているぼけの花はとくに好きで、そんな風景を見ると、いつも、今年もたくさん実をつけてネ、とささやいてしまう。

いま私の机の上には、にんじんの芽、大根の芽、なずなやべになばなの花が盛りである。にんじん、大根は、食べ残しを、葉の出るほうを上に少々水を張った器につけておいたもので、とても美しい緑の芽が出ている。台所仕事をしながら、ときどきこんないたずらをするのが楽しみで、いろいろな根菜類の葉を楽しんでいる。もちろん、汁の青みに使うこともできるし、日当たりのよい窓ぎわに並べておくのも楽しい。

野菜として買った菜の花の一本か二本をコップにさしておいても台所が華やぐが、私は庭の片すみに作っている菜っぱの中から、トウの立ってきたのを根ごと抜いて花びんにさしている。

なずなも、庭のあちこちに出ているのを、やはり根をつけたままガラス器の中で水栽培のように自由にのびさせている。なずなの小さな白い花や、薄緑の葉は、暖かい家の中でもうすっかり春だと信じているのか、まことに元

気である。

寒くなったり、暖かったり、二進一退の春を待つ季節の歩みを、ちょっと先取りした気分で、私は机の上のささやかな春景色を楽しんでいる。まだ雪にとざされている土地でも、野菜の葉で春をどうぞ。

季節家事を思い出す

私は何でも育てることが好きだし、人並みはずれて好奇心が強いのか、経験もないのに野菜を作ってみようかと思いついたら、すぐ種子を買いに出かけたり、くわを買ってきたりして、とにかくやりはじめる。まいた種子が芽を出すと、毎日、どんな姿に変わっていくのかと見るのが楽しい。

ある程度育ってしまうと、食べなければいけないと追われるような気持ちになるので、次は花を見てやろうと思うことにしている。ただ花を作るのではなく、食べて花を眺めてと欲ばるところがみみっちい、と我ながら思う。そうは思っても、いろいろな野菜や果物を食べて、これはどんな花が咲くのか、どんな葉が出て、どんなふうに育つのかと興味をもつと、やはり育ててみたいと思う。

手あたりしだい、何でも育ててみようとする私の植物への好奇心は、小さな畑の乱雑さ同様、狭い庭じゅうの木や草花の姿に現れて、わが家の庭は足の踏み場もないほど、植物があれこれと命を競っている。

気まぐれのお遊びにすぎなかったのだが、その植物たちから私の与えられているものの大きさに、このごろ、本当に感謝する気持ちがわいてきた。ただ花が見られるとか葉が美しいというのではなく、それぞれの季節に咲く花たちは、いつの間にか私に生活のリズムを教えてくれていた。かなり物忘れのはげしくなったこのごろでも、生活のリズムを思い出させてくれる植物たちを見ると、ちゃんと季節家事を思い出す。

この植物たち、私が育てたなどというのはいい気なもので、植物たちは自分の力で生きられる生活力をもっていたのだと、謙虚に考えるべきだと反省する。

ぜいたくなお楽しみ

庭の片すみを少しばかりたがやして、菜っぱやなす、きゅうりなどを作っているが、つい一人では食べきれなくて、菜っぱにはいつも花を咲かせてしまう。なすは大きくなりすぎて皮がひび割れるとか。

春から夏はほとんど虫に食べられてしまうが虫が食べるなら人間が食べても害はあるまい、そう思って殺虫剤は使わない。唯一の防虫法は、その季節にはにおいの強いものを作ること。中国菜や春菊、セロリなど時期をずらしてまいた種子が、食べごろ、のびすぎ、花盛りといろいろな姿をしている。

種子は一袋百円だが、土地はなにしろメチャクチャに高い。坪いくらと借りている土地なので「まあ、ぜいたくなお楽しみ」とからかわれる。

正直にいって、形もそろわず虫食いだらけの菜っぱなど、自己満足で人さまに差し上げるのも気がひけるし、畳の数でいえばせいぜい六畳くらい、そこに菜っぱのほかにねぎだのパセリ、なす、きゅうり、土にいけて使い忘れたごぼうが葉をのばしていたり、いけ花に使った柳をさしておいたのが根づいて青々としたり、まことに行儀悪い菜園である。草むしりの手を抜いているから、雑草ものびている。いただきものの根野菜をしおれさせまいと土にいけて忘れてしまい、葉が出てきて使い残しに気づくことも多い。

でも、近くに住む新潟出身の知人が、ごぼうの葉をもっていって笹だんご風の草もちを作ってきてくれたこともある。私はそれで笹だんごにごぼうの葉を使うことも知ったし、昨年の夏は紫色のごぼうの花にも初対面した。ごぼうにあんなきれいな花が咲くとは感激であった。

今年は大根の花もしばらく楽しんだし、にらもねぎも、それぞれ味わいのある花を見せてくれた。夏にはなすやきゅうりや花豆が、紫、黄、赤と、それぞれの色に咲いている。ゴミ収集の日に出しそびれてしまった野菜くずを、しかたなく土に埋めておいたところからじゃが芋が芽を出して白い花をつけているのも面白い。

菜っぱの花は種子をとるわけでもないから、たっぷり切って仕事机に飾ったり玄関に置いたりと、家の内外で楽しむが、むだ花がないというなすは、小さなガラスびんに一輪でもさしたらきれいだと思っても切る気にならない。そのくせ、食べる時期を逃してしまうことが多いのだから、要するに気まぐれなのだ。

庭に菜っぱを作っていれば、季節はずれに菜の花をいけて楽しんだりもできるので、食べたり眺めたり、本当に土はいいものだと思う。

今は春菊を取り残しておいたのが花をもち、小さいけれど誇らしげに咲いている。びっしり種をまいたセロリは、つまみ菜のようにたくさん芽が出たので、丈夫そうなのだけを選んで苗にし、何本かを間をおいて植えつけておいたらけっこうしっかりとのびている。少し筋っぽくてもセロリをせいぜい食べたうえで、花も見ようと楽しみにしている。

80

マンゴーを育てる

毎年、私はパパイヤの葉を鉢に密生させて夏の間を楽しむが、これも、好きなパパイヤを食べながら思いついたことだった。

どんな木になるのか、どんなふうに実るのか、ずっと興味はもっていたが、あるときひょいと思い立ってあの黒っぽい種子を植木鉢いっぱいにまいてみたら、びっしりと芽が出てきて、プラタナスに似たやわらかな葉がきれいにそろったところは、観葉植物のようであった。

大きく育てられるものでもないし、秋深くなるころには枯れてしまうが、それはそれでいい。葉の形や手ざわりを知っただけで満足している。

マンゴーやアボカドも育てたことがある。アボカドは私もよそのお宅で育てているのを見てまねたのだが、マンゴーは偶然のことからであった。マンゴーも私の好きな果物だが、いつもあの種がなかったら、たっぷり実が食べられるのに、と、子どもみたいなことを考えるが、それほどおいしいからである。

いつか、あの種をよけて二つ割りにしたら、種から芽が出ているのが見えた。グレープフルーツでも、ときどき芽の出た種を見つけて土に埋めておくとすぐ芽をのばすから、マンゴーも同じかしらと植木鉢にいけておいたら、二本の芽が出てきて、勢いよく育ちはじめた。

大きな葉をのばし、どんどんのびて、これも観葉植物の代わりだと私は楽しみに毎日見ていたが、ハイポネックスをときどきやるくらいなのに二年くらい家の中で育てたら、大きくなりすぎて、もう、置き場所がなくなってしまった。庭に移してそのままにしたら、やはり枯れてしまった。寒さに弱いことはわかっていても、それ以上は私の手におえないと思い、目をつむって「さよなら」をいう気持ちになった。

私がマンゴーを育てたのだというのがうれしくて、応接間に置いて、くる人ごとに自慢して見せたことを思い出す。

第二章　季節の旬を食べる楽しみ

桃の節句のころ

今年も小さなひな人形を出して机の上に飾った。朱塗りの丸盆に内裏《だいり》びなを置くと、それだけでおひなさまの季節という思いになり、ひな菓子や桃や菜の花がほしくなる。散歩ついでに商店街を歩き、花屋さん、お菓子屋さんと立ち寄った。

ひな祭りは、春を告げてくれる行事として、私はひとりになってもつづけている。家族がそろって元気なときは「おひなさまのごちそう」として、春野菜を入れたちらしずしを作り、おすしが見えないほど金糸卵《きんし》をたっぷりのせ、菜の花の塩ゆでを上に散らして「菜種ずし」などと名づけていた。本当に菜の花畑のような風情《ふぜい》のすしおけを食卓の中心に置き、はまぐりのお澄ましや、うどとひらめの酢みそあえなどが定番のお料理だった。

そんなことを思い出しながら、三日にはちらしずしでも作ろうと思った。とはいえ、一人前を作るのはおいしくないし手間もかかりすぎる。妹や友人たちも、病気がちだったり足が悪くて、夕食に来ないかと誘うのも気がひける。これが高齢社会なのだと思ったりする。

たまたま、三日には甥《おい》の一家三人で来ると電話があった。よし、甥の奥さんに手伝わせてちらしずしをたくさん作り、残ったらもたせて帰せばいい。でも、高校生である男の子ははまぐりのお澄ましや酢の物ではがまんできないだろうから、彼のためには近所のおいしいとんカツ屋さんで、彼の好きなヒレカツべんとうでも作ってもらって、買ってくればいい、などと考えた。

三月三日は、もとは農事の前の身を浄《きよ》める行事であったが、今の暮らしの中に上手に取り入れて、季節の彩りとするのも悪くない。

幼い子にも、老いたものにも、共通の思い出を作るのは年中行事の風景だろう。元気でいるかぎり、私も行事にこだわりたい。

春菊とおもち

春菊もこのごろは一年じゅう八百屋さんに姿を見せている。きゅうりやなすを本来は夏野菜であったと知っているのは老人の仲間かもしれない。同様に、春菊という名のとおり、春先の菜であったと思う。

関西の菊菜と呼ばれるものより、野趣のある香りで、以前は泥のついた根のあるもの、と私などは思っていた。

私は香りの高い野菜が好きで、とくになべ物の中の香味野菜には目がない。せりとか春菊の濃いグリーンは本当に目も楽しませてくれるのでうれしい。

泥のついた根つきの春菊が買えたころ、私はよく根を土にいけておいた。

必ず、芽をふいてきて、汁の青みくらいはそれでけっこう事足りたし、そのままにしておくと、やがてかわいい花もつけた。私の得意とするお楽しみ、というわけだ。

芽出しをした春菊が庭の片すみに群がっているのを、チョンチョンとつまんできて、つけ焼きのおもちにのせて食べたら、とてもおいしかったことを少し発展させて、酒のさかなにもち料理を作ってみたことがある。春菊、にんにく、焼きのりとしょうゆ味のつけ焼きもちをあわせた味である。

まず、のしもちを幅一センチ、長さ五センチほどに切り、こんがりと焼き、しょうゆの中にころがして、もう一度あぶる。これににんにくを二つ切りにして、切り口をもちに軽くすりつけ香りをつける。一つの面くらいにすりつければいい。その上にみずみずしい春菊の葉を一枚のせ、焼きのりでくるっと包み込む。それだけである。あんまりやわらかいおもちより、ちょっと固めのおもちがいいから、やわらかいうちに切っておくといい。

野菜同様、おもちは一年じゅう市販されているこのごろだから、ときには、こんなものもおいしい。酒のさかなといっても、おなかにこたえるものだから、お茶漬け代わりに、大きめの切りもちに、たっぷり春菊をのせ、大きいのりで包んでもいい。

切り山椒のお茶うけ

近くのデパート内の旅行代理店で航空券を買っていたら、地下の食料品売り場からお菓子を焼いているらしい香ばしい香りが上ってきた。おいしそうと思ったら、そのまま帰るわけにはいかなくなり、香りのくる方向を頼りに地下を探した。

いくつになっても、食い意地の張った性質はなおらない。尋ねあててみたら、何ということもないパンケーキであったが、焼きたての魅力に、やっぱり買おうという気になった。名前は「オランダ焼き」としゃれている。

食料品売り場を歩くときの私は、水を得た魚で、あっ、おいしそうな厚揚げがある、珍しくつと入りの納豆《なっとう》がある、そうだ抹茶《まっちゃ》も買っておこう、などとあれこれ買い込んで、重いものを持つのはやめようと思っているのに、いっぱいに買い込んでしまった。

買いたいな、と思ったけれどやめたのは「切り山椒《ざんしょう》」。早春から春たけなわにかけてのお菓子ばかりが見える中で、切り山椒はこの季節にしか作られないところがいい。

買うのをやめた理由は、家で手作りをしてみようと思い立ったからで、家に帰るとさっそく、白玉粉と上新粉があるのをたしかめた。

粉の二分の一の水でこねた白玉粉と、三分の一の熱湯でこねた上新粉を練り合わせ、ひと口大にちぎり、ぬれぶきんを敷いた蒸し器で、十二、三分蒸す。粉は同量ずつでいい。

蒸し上がったらすぐ熱いうちにすり鉢などにとり、好みの量の砂糖を少しずつ加えて、すりこ木でつき混ぜていく。ちょっと冷めかげんになったら粉山椒を、これも好みの量だけ加える。半分ずつ紅白にするのもいい。とにかく、滑らかになるまでついて、片栗粉《かたくりこ》を敷いた板の上で一センチほどにのばし、拍子木に切る。

何でも買える時代だから、わが家の切り山椒をおすすめしたい。こんな簡単なお茶うけを作り、話の合う人とお茶の時間を楽しみたいと思う。

庭に山椒の芽が出ていれば粉山椒ではなく、青い若葉をみじんに刻んで混ぜてもいい。

香りを楽しむ嫁菜めし

急に菜めしが食べたくなった。亀戸《かめいど》大根の葉もあるし、うちの庭に作っているせりもきれいな芽を出していて食べごろに見える。

庭のはこべやなずなを摘んで、さっとゆでたのをこまかく刻み、塩をふりかけ、キュッとしぼって塩味で炊き上げた熱いごはんに混ぜ込んでみようか、白の切りごまをたっぷりかけて食べたらおいしそうだな、と考えたりして、あれこれ迷っているうちに、どうしても嫁菜めしを食べたくなった。

考えてみたら、夫が亡くなってから嫁菜めしを一度も作らなかったと気がついた。春先になると、いつも近くの善福寺《ぜんぷくじ》川《がわ》公園を二人で散歩しながら、嫁菜やつくしを摘んできて、毎年一度は嫁菜めしを欠かしたことはなかったのに、去年も、一昨年も摘み草を忘れていた。生活の変化はこんなことも忘れさせるものなのかと思った。

毎年嫁菜の出る場所を知っているので、公園をぶらぶら歩きしなくても、すぐたっぷりとってこられるつもりで出かけたが、ちょっと時期が早いのか、まだあまり出ていなかった。

それでも、ひと握りほどを探しあてて、さっそく嫁菜めしを作った。嫁菜でも田ぜりでも私はあまりあく抜きをしない。カテめしではなく、香りを楽しむ菜めしだから葉は少なくてもよい。水にさらしては香りまで抜けてしまうのが惜しい。白いごはんに若菜の散った美しさも大切にしたい。

おかずは酒塩にしたさよりを一時間ほど扇風機の風に当てた生干しと、庭のせりを摘んでのせりのごまあえ、京都のおみやげにいただいた白みその豆腐汁で一汁二菜。さよりは魚屋さんの店先でちらりと見たのがイキがよくて買ってきたが、この生干しはおいしい。春の魚である。ぬかみそのかぶを出して、ひとりの食卓を調《ととの》えた。お年寄りがいる家庭に、こんな献立はいかがかと思って、ご紹介した次第である。

嫁菜もほんの少しは庭にある。でも、まだ菜めしに使えるほどにはなっていない。公園からとってきた嫁菜の根を植えておいたのが芽を出したのだ。三つ葉、せり、春菊など、私はいつもできるだけ根つきを買って、切り取った根の部分だけ土に植える。だめになってもともと、芽を出してくれればうれしい。ひとり暮らしの汁の青みくらい、それでけっこう間に合う。落葉に米ぬかを混ぜて作っておく堆肥《たいひ》がいいのか、いい土である。

私は少々あくがあっても田ぜりのほうが好きで、丈の長いもやしぜりはお雑煮用か、なべ料理のときしか使わない。春本番になって出てくる田ぜりは、ごまあえにしたり、せりごはんやてんぷらにといろいろにして食べて香りを楽しむ。植えた根から出たもやし芽は案外よい香りである。

春は菜めしのおいしい季節。先日京都で菜の花漬けを買ってきて、すしめしに混ぜ込んだ菜の花ずしを作ってみたら、やはり、もうひと味ほしくて白の切りごまを加えたら落ち着いた。ごまと菜っぱは相性がいいから、たいていのものは味が合う。

これからの季節、とくに北国は雪の下からいっせいに野草が萌え出すのを、菜めしにしてはどうだろう。嫁菜も、はこべも、はるじおんも、みんなよくごまと合う。本当に命を食べるという感じがして、すてきである。

菜の花料理

日本料理の名には、本当にうまくつけたものだと思わせられる名が多い。

昨日も、友だちの家で一品持ち寄りのお花見会をするというので、私も何か春らしい一品を持っていこうと考えた。たまたま、桜の名所の近くにある友だちの家は、毎年、夜桜見物の会場になるので、集まるものが、せめて一品をたずさえていこうということになっている。

私が今年の一品にきめたのは「ひらめとうどの菜の花あえ」で、うどは皮を刻んできんぴらを作り、おまけの一品とした。皮を厚くむかなければすじっぽくておいしくないうどは、皮を別に使うと思いきって厚くむける。

菜の花あえは、いり卵を菜の花に見立て、生魚の酢じめと、季節のうど、青みのきゅうりをいり卵であえる料理である。いり卵のことを「菜種にする」と、私は幼いときからいいならわしてきたが、これも、だれかがいい出した調理名であろう。子どものころ、おべんとうのおかずにいり卵はごちそうで、私は、今日は菜種べんとうだよ、と母親にいわれるとうれしかったことを思い出す。

菜の花あえは、いつ、どこで覚えた料理か忘れたが、下ごしらえを早めにしておけるので得意とするものの一つである。いり卵に、やや甘みを強くつけてポロポロにいり上げ裏ごしにしておく。きゅうりは小口から薄打ちにして塩をふり、しんなりしたらキュッとしぼっておく。うどは四センチほどの薄いたんざく切りで、酢と二倍の水を合わせた中に放して酢味をしみ込ませておく。魚は白身を刺身より薄く、小さく切って生酢でしめ、それぞれ冷やしておいて、食卓に出す直前に裏ごし卵であえるだけ。あじの酢じめを使っておそうざいにするのもいい。

いかにも春の感じで、菜の花畑の風情が出る。分量の割合も自由に、味は塩味を適当におぎなって好みにつける。菜の花にちなんだ料理である。

うどの皮は、前にも書いたが、きんぴらにして一品添えることにした。友人宅での花見の宴《うたげ》は、どちらかというと女性の集まりなので、お酒をのむ人は少く、みんな、お楽しみ程度にワインなどをごちそうになるだけで、おにぎりはいつも好評だ。うどの皮のきんぴらを、いつもより濃いめに味つけして、ごはんのおかずに、ということにしようときめた。

まったく違う感じの料理二品ができるうどは、使いでがある。

食べられる野の草

　ははこぐさは知っていたが、ちちこぐさというのがあることを知ったのは、信州蓼科《たてしな》高原でしばらく暮らしたときである。ちちこぐさだけではない、やまははこぐさという白い花も蓼科ではじめて知ったが、そのとき、いっしょに山歩きをした奥さんがとても植物にくわしい方で、教えていただいたのだ。

　でも、「やまほうこ」と発音されたので、口うつしに「やまほうこ」と私も人に教えたりしたことがある。ははこぐさに似ている草だとは思ったけれど、たしかめてみようとする気持ちのないほど私は当時植物には無関心であったようだ。

東京に帰って野草の図鑑を見て、はじめてやまははこであることを知ったり、同じははこぐさとはいっても、やまははこは、ははこぐさとは別の属になっていることなどを知った。なんと知らない世界の広いことか。

私ははこぐさを花として見るより、食べられる野の草として興味をもっていた。キク科だと聞けば、花はたしかに開いたところは菊に似ている。最初にこの草をしっかりと見たのは春の七草の「おぎょう」だと聞いたときからで、向島百花園《むこうじまひゃっかえん》に植物探訪でつれていってもらったとき、同行の先生からお聞きした。子どものころ、荒川土手で遊んでいたとき、この草を折ると乳のような液が手につくのが気持ち悪くて、手をふれなかった覚えがある。

今は春の七草も寄せ植えにして売り出される世の中だ。私は、これが庭に出ると菜がゆを作って食べるし、朝食の牛乳がゆにも入れる。昔は草もちにつき入れたとも教えてもらったので、よもぎの代わりに使ってみたこともあるが、香りも色も少ない。だから私は色や香りのおぎないに春菊をざっとゆがいてすり混ぜる。よもぎの少ないときも春菊は手近にあるので便利だし、小菊の新芽もあれば使うが、春先など、本物の菊はまだ小さくて気の毒になる。ははこぐさも、もち草と呼ばれたのだろうか。

いずれにせよ、食べられると聞けば眺めるより食べることに熱中するのはなんとも現実的な女だと自分でも思う。

手作りのいちごジュース

「このごろは、いちごの旬はクリスマスから正月にかけてだという若いものがいるが、まったく何も知らんのだから」

小売店からミニスーパーに変わった店のご主人の話である。昔からの土地の人で、まだまわりは畑ばかりのころから、青梅街道に牛車を引いて通る人たちにコップ酒を飲ませたりしていた酒屋であった。みそ、しょうゆ、酢なども商《あきな》っていた。

交通量のはげしい街道ぞいのスーパーには、車族の若い二人連れの客などがけっこう多い。たまに店に出てきている年老いたご主人は、今は楽隠居の身だといい、名だけは社長だが、実権は息子夫婦にまかせきり。親から受けついだ農地ももっているから、野菜や植木を作って老夫婦の小遣いにしているという。そのご主人、自分でいちごも作っているという。

「オレも好きなので作ってきたが、孫が嫁にいって子どもを産んだら、急に無農薬野菜とか有機栽培の果物だとかいい出して、赤ん坊のために、じいちゃんの畑で作った野菜や果物を食べさせたいと頼みにきた」

昔から顔みしりの私にそんな話をしてくれながら、曾孫《ひまご》のために、今年はすいかやプリンスメロンなんか少しでも作ってみようと思うという。

「それにしても、今の若いものは、霜柱の立つ畑に、いちごが赤くなっていると思っているのだからあきれる」といっていた。孫のことらしかった。

今の若いものである彼の曾孫の母親は、子どもを産むまでそんなことにはまったく無関心で、自分で台所仕事をすることもなく食べさせてもらってきたのであろう。親になり、保健所で赤ん坊の栄養のことなど教えられたり、小児科医の満員の待合室などで知り合った同年配の母親の話から急に実家の畑を思い出し、おじいちゃんの実力や知識に尊敬をもちはじめたのかもしれない。

そんな話を聞いているうちに、私にも思いあたる季節感のずれはたくさんあると思った。いちごにしても、正月にお招きを受けたお宅へいちごをもっていくのに、何の違和感もない。私は「年始には干し柿」が常識といわれた時代を生きてきたのだけれど。

石垣をすっぽりおおったハウスで作られたいちごが、雪の季節に出盛るというのは、いかにも視覚にうったえるものがあるし、品種や作り方の工夫で、かつては春の盛りのものと思っていた味を、暦の上の春に味わうことも、季節の先取りとして、みんなの好みに合ったのだろうか。

事実、東京では四月ともなるといちごはもう品薄になり、近郊のものや、四パック千円といった小粒で酸っぱいのが出まわる。いや、二月でも大粒のものが出盛っている一方で、八百屋の店先には酸っぱい小粒のいちごがざるに一盛りでいくらという安売りもされる。

先日、そういう小粒のいちごの、一かご千円というばら売りを買い込み、ジュースを作った。家で目方を計ると約一・五キロ。酢水で洗ってから、クエン酸九十グラムを混ぜ合わせ、いちごがかぶるくらいに水を加え、二日ほど冷たい場所に置いた。いちごの色や味がすっかり水に移って、白っぽいブワブワなものが浮かんでいる感じになったらいちごを取り出し、きれいな色のいちご水はろ過紙でこして種やゴミを取りのぞく。これに、七百〜八百グラムの砂糖を加えてときどきゆすりながら砂糖をとかす。これで当座用のいちごジュースになる。好みの味に薄めて氷を入れたり、その中に生のいちごを一個入れたおしゃれをしてみたり、あるいはパンチの味つけや、焼酎《しょうちゅう》を割ったりと、いろいろに使える。ジャムもいいけれどジュースも手作りしてはどうだろう。

私も、二株か三株のいちごを発泡スチロールの箱に作ってみたことがあるので、かろうじていちごの花が自然の気候の中では春のものだと知っているし、かつてはいちごの旬は五月であったことも知っている。今も、その季節のいちごを食べたいと思うが、もう終わりの季節で店にはロクなものが見当たらない。旬も少しずつ変わっている。

私は、いちごの花が好きだが、あんなすてきな実を結ぶとは思えない平凡な花だ。白い色も、あまり冴えないが、なんとはなしに強い意志のようなものが感じられて、見ているといろいろな想像をしてしまう。

ときどき、しおれた花びらのいく枚かがパックされたものの中にまぎれ込んでいることもあるので、いちごの花は白、と知っている方も多いだろうが、鉢植えもよく売っているから、ベランダでのいちご作りもできないことはない。とくに食べなくても、花のつもりで作ってみるのも面白くはないだろうか。幼い子には花から実になる過程を見せておいてやりたい。

セロリの粕漬け

信州蓼科の周辺で作っているセロリはおいしい。私は蓼科でセロリのぬか漬けや粕《かす》漬けをはじめて食べた。ぬか漬けも、野菜売りのおばさんからもらって食べたのだが、おいしくてさっそくまねをしたら、ほかの野菜までセロリの香りがしみ込んで、当分、ぬか床を日に当ててビールをごちそうしてやらなければならなかった。以来、ぬかみそ漬けにはしたことがない。

粕漬けは、あちこちの家からもらって食べた。それぞれの家の好みで、甘みがちょっと濃いのや、まったくといっていいほど甘みはなく、塩味も薄く、本当の当座粕漬けという感じのものなどいろいろであった。

山で暮らしていた夏から秋、知り合った土地の方たちに粕を分けてもらい、薄塩にして二日ほど粕にくるみ、重石をのせて漬けた当座漬けをお茶うけに、私はよくお茶を飲んだ。

そのとき、野菜売りのおばさんが、

「セロリのできの悪いのや間引いたのは、干しておいて風呂に入れるが、あったまるぞい。中将湯《ちゆうじようとう》のようなにおいがするで」

と教えてくれたのを思い出し、今年セロリの種をまいてみた。

春の盛り、小さな畑の小松菜の花を楽しんでいるころ、ほんのわずかな場所にまいた種が、やがて芽を出した。双葉を取って香りをたしかめると、まさしくセロリで、びっしりと出た芽をつまんでサラダに散らしてひとり喜んだ。でも、肥料が米ぬかと庭の落ち葉だけではダメなのか、少しのびただけで勢いがない。いち早く引き抜いてしまった。

「あったまるぞい」

と教えてもらったのを思い出して種をまいたのだから、冬に向かう季節に芽を出していたら、もっと大切に育てたかもしれないが、これから暑くなろうというときに「あったまるぞい」という言葉を思い出したのはまずかった。

春菊と同じに香りの強いものには虫がつかないだろうと思っての種まきであったがあっさりとあきらめて抜いてしまったのは、虫だって避けて通りそうな貧弱なセロリの姿に、やはり恥ずかしくなったせいである。

竹なべで湯豆腐

「もう、筍《たけのこ》も終わりですけれど、せっかくおいでになったのだから、お昼を筍で」

五月十七、十八日、商品科学研究所の高槻《たかつき》コアから招かれて、仕事の旅行であったのに、午前中の空き時間を利用してコアの方が京都へ案内してくださった。お昼にならないと開かないという料亭に入る前に、「ここを見る予定も立てていたので」と、近くの鈴虫寺に連れていってくださった。

一年じゅう鈴虫が鳴いているお寺だと聞き、私はうかつにもそのへんの草むらの中に一年じゅう鈴虫がいるのかと興味をもったのだが、考えてみればそんなことがあり得るわけがない。ガラスケースの中に裸電灯がともされて、次々にふ化した鈴虫たちをその中に入れ、短い生命のかぎりを鳴かせているのだ。鈴虫の好きなお寺さんの願いが、虫を順にふ化させることで虫の音の絶えないお寺という名物を作り出したのだろうか。

松尾神社に近いこのあたり、私の好きな静かな京都の一角だ。竹の多いことも、京都といえば竹を思う私の好みのせいかもしれない。

鈴虫寺の近くには、かぐや姫伝説発祥の地と書かれた竹の御殿《ごてん》なるものもあり、鈴虫と竹にちなむ伝説で名所として売り出しているようだ。中学生の一団がガイドさんの後ろからにぎやかに歩いてくるのを見てそんなことを考えさせられた。

小高い場所にある鈴虫寺から降《くだ》りの道で、急に風が出たのかサヤサヤサヤと音がして枯れ葉色の竹の葉が、一瞬それこそ降りしきるように落ちていく風景を見た。私には、はじめて見る光景であった。思わず立ち止まって目をこらした。

「竹の秋とはこんな風景をいうのかしら」

同行のSさんに話しかけると、Sさんもじっと見つめている。「私もこんな景色ははじめて」とのこと。

関西育ちのSさんである。照りつけているはずの初夏の日ざしも通さない竹林の中に、ただしきりに落ちていく竹の音。今年竹もかなりのびているが、もしかすると、この葉を落としている竹には花が咲いたのかしら、竹は花が咲くと枯れるというが、と見上げたが、私にはわからなかった。

料亭で前菜のあとに出た湯豆腐は、青竹の一節を縦に割ったなべに入って出てきた。小さな七輪で温めていると、両端の切り口からじわじわと竹のジュースがにじみ出てきた。それをお酒に混ぜて飲むと不老長寿の妙薬とのこと。

私たちはお酒は遠慮し、そのまま杯に受けて試飲。とくにおいしくもない。ちょっとこげ臭はあるが、竹の香りはあるようだ。お豆腐はおいしい。

竹林の近くに住む方、あるいは、自宅の庭やどこかに切ってよい青竹があったら、竹なべを作ってみられるのもよいのではないかしらと思った。ただし孟宗竹《もうそう》でないと、なべらしい機能は果たせないかもしれない。

時期は少々おくれていたが、もう、終わりの季節のものとして筍づくしのお料理も楽しかった。

新茶の季節にだけ作るごはん

このところ、朝のお茶が楽しく早起きする。新茶のとくべつの香りと色合いは、ほんのわずかの間の季節感で、日本人ならだれしも、自分が味わうとそのしあわせを人に分かちたくなるのではなかろうかと私は思っている。

お茶の産地に住む人から送っていただいた大走りの初摘みというのを味わってから、もう一ヵ月以上。毎年、新茶の時期だけは白磁の茶わんを出して、美しい色を眺め、うぶ毛のようなものが浮く香り高いお茶をゆっくりと口の中で楽しむことにしている。

私には子どもはいないが、毎年この季節になると、何人も子どもがいるような気持ちにさせられる。カーネーション代わり、といって母の日に新茶をプレゼントしてくれる人がいく人かいるので、ぜいたくに味わわせてもらう。そして、自分がおいしいお茶を味わうと、あの人、この人と、私より年上の、届けてあげたい人の顔が思い浮かび、お菓子をそえて送ったりする。

私には、新茶の季節にだけ作るごはん物のメニューがある。お酒を一割くらい使った水かげんで塩味に炊いた白いごはんに、ふきんに包んでこまかくくだいた新茶を混ぜ込む茶めし、それと、お茶の新芽を生のままでみじんに刻んで作る「茶めし」、とにかく新茶を楽しみたくて、こんなお茶ごはんにする。

北のほうでとれる筍《たけのこ》とふきの煮物、あじとうどときゅうりを、ちょっと甘みを濃くつけたいり卵の裏ごしであえるのもこの季節の出合いものだ。作り方は「菜の花料理」のところに書いたもの。茶めしとよく合う。亀戸《かめいど》大根の浅漬けがあればいっそういい。

それと、汁代わりに、とりたてのグリンピースを、かつおだしのきいた薄味の煮汁で、汁とも煮物ともつかないひたひた煮にして食べるぜいたくができれば申し分なしである。お茶の花の季節もよいが、新茶のときはもっぱら食べることばかり。

こんなときのデザートに、私は自分が好きなので、わらびもちを作って食べるが、うっかりわらび粉を切らしているときが多いので、このごろは、葛《くず》粉《こ》を使って作る。「くずもち」というと名物ものとして売っているものを連想してしまうが、葛をよく練って、きな粉の上に広げ、きな粉をまぶして切り分ける。甘みは黒みつを使って、あっさりとした味で食べる。わらびもちに似た味であたたかい作りたての味もよく、一時間ほど冷やしてからもまたおいしい。

梅漬け、わが家風の味

梅のカリカリ漬けをいただいた。一度塩漬けにしたのを甘露《かんろ》漬けにした、いわゆるお茶うけ梅だが、私が好物であることを知っている友だちから、いつも分けていただくのである。

私は、どうもこれが上手に漬けられない。固くしまった青梅を使って、なべぶたで押し割って種子を出し、すぐ塩で漬け込むのだが、パリパリとした歯ざわりがどうも出ない。なんとなくシナシナしたり、やわらかくなってしまうのは、やはり本当に新しい梅が手に入らないためなのだろうと、自分の技術の悪さを棚にあげて材料のせいにしている。

友だちの家には大きな梅が二本もあり、いつもよい実がなる。ご主人が落とすのを、すぐ下で洗って水けをふきとり、家族の分業で漬け込みにかかるというのだから、鮮度という点では申し分ない条件だし、梅もいい。でも、やはり作り方が上手なのだと思う。

酸っぱいもの好きの私は、毎年この甘酸っぱいカリカリ漬けに、しばらく熱中して食べる。というのは、自分ではどうも上手にできないのを吹聴したら、漬物自慢の友人たちがかわいそうに思ってか、みなさんが分けてくれる。Aさんのは青々と仕上げる青漬けだが、Bさんのは赤しそを使ったしそ漬け、Cさんのは直接みつ漬けにするとかで、歯ざわりはややしんなりとしているが、おいしさはまた格別の味である。

梅ひとつにも、各家の「わが家風」漬け方があるものだ。昔はその微妙に違う味を持ちより競い合うのも楽しみであったかもしれない。わが家風の味を競うときには、どこにその味のきめ手があるかを探す、心のこまやかさがあったであろう。

私は、今、年齢やひとり暮らしということに甘えて、手のかかることはなるべくしないですませているが、そのおかげで、いろいろな家庭の味とお近づきになっている。

私は梅の代わりに今年は紅しょうがをたくさん漬けた。カリカリ梅をくれた方に分けようと思う。

梅の花も美しいが、私には実のほうにより親しみが深い。

季節の献立のヒント

食べ物の旬をあらわす言葉として、たとえば「桜鯛《さくらだい》」はだれもが知っていると思っていたが、これにも地域差のあることを、私は最近になってやっと理解できた。桜鯛が瀬戸内の鯛であること、そのあたりの桜の季節になると、ちょうど産卵期を迎えて桜色に染まった真鯛がおいしくなることを、生活の中で覚えた人たちが、語りついできたことなのだろう。

伊予《いよ》の宇和島《うわじま》で生まれ育って八十年余の知人から、私は、「桜鯛」とか「筍《たけのこ》あじ」「麦わらいさき」などという出合いものの味を教えてもらったが、日本の南から北に移る桜の季節は、ほぼ一ヵ月というのが毎年の例だから、旬の地域差は当然ある。今度、こういう出合いものの地域差を、あちこち訪ね歩いて聞き書きをとりたいと思う。でも、季節感と結びつかないこのごろ、それを知る人もいなくなってしまったかもしれない。

それはそれとして、私には「麦わらいさき」という言葉が、いつも季節の献立のヒントになってきた。

麦秋のころになると、

「そうだ、いさきを食べよう」

と思い出す。

東京に住んでいても、その季節に市場に出かけていくと、イキのいい、いさきに出合えることもあり、そんなときは、ちょっと大きめのものを選んで、夫の郷里の料理である「さつま」を作ったりした。

いさきは鯛のように骨や頭で汁を作っておいしく、刺身もおいしい。塩焼きにすることがいちばん多いが、一尾づけより大きいほうがおいしいので、二枚におろして片身は刺身に、骨つきは遠火で焼いて身をほぐし、骨や頭でだしをとる。

ほぐし身をすりつぶし、なべぶたに塗って火にあぶった白みそを混ぜ、だしでゆるめながら、とろりとした状態にすりのばす。熱いごはんに刺身を少しのせ、その上にすり身汁をかけ、薬味には針のように刻んだ夏みかんの皮をパラリと散らす。

本来は、ごちそうなので鯛で作るそうだが、おそうざいには、いとよりとかあじとか、白身のイキのいい魚なら何でもいい、と私は土地の人に教えてもらった。「あじさつま」と呼んで、あじで作ることも教えてもらったが、夫は少年のころにしばらく下宿していた宇和島の思い出とともに、なつかしい味があるといっていた。

あじを使ってこのさつまを作っておき、こんにゃくの薄切りを刺身代わりに、きゅうりのせん切りとともにごはんにのせ、あじさつまをかけて食べるのが、おそうざいのうちではごちそうであったとか。

要するに、すり身汁が「さつま」で「あじさつま」「うりさつま」などと呼んでいたと聞いたが、私は、それほど好きなものではない。味は申し分なくいいのだが、ごはんの上に、かけて食べるより、別に食べるほうが好ましいのだ。私には思い出に結びつかないためかもしれない。

しかし、こんな料理を何かにつけて作ろうとしたのは、やはり「夫のために」という気持ちがあったのだろうか。とんと忘れているこのごろであった。ただ、麦秋と結びつけて覚えたいさきは、今年も塩焼きにしてその季節に一人で食べた。

私のヒスイめし

青いぎんなんを散らしたごはんを「ヒスイめし」というのはどなたもご存じのことだが、程よく加熱したぎんなんの緑色は、本当に良質のヒスイのような輝きがある。

昨夜食べに行った中華料理店で、えびとぎんなんのいため物を食べたら、その深い緑色のぎんなんが入っていた。新ぎんなんがもう出ているのかと思って、今日さっそく探しに出たが、どこにも売っていない。料理屋さん向けの走りの新ぎんなんでも使ったのかと、あきらめたが、私が食べたいと思ったのはヒスイめしだったのだ。

しかたなく枝豆を使って、ヒスイめしのイミテーションを作ろうかと枝豆を買って帰った。ところが、びっしりと実の入った枝豆のなんとおいしいこと。イミテーションなんて申し訳ない話であるとすぐ気がついた。枝豆ごはんで何が悪い、と私はひとり言をいっていた。

お酒と塩を少し入れ、昆布を浮かして炊き上げたごはんの蒸らしぎわに、さやからはじき出した枝豆をパッと入れ、数分してからごはんと混ぜる。枝豆はややかためにゆでて、ざっと水をかけてゆだりを止めてはじき出しておく。量はお米の四分の一くらいまで。

ところで、枝豆ごはんを茶わんによそい、新米が手に入ったら本当にヒスイめしを炊こうと、つくづく見たら、枝豆の色といい形といい、私のもっているあまり上等ではないヒスイとそっくりであった。

急におかしくなって、今度から（立派な本物の枝豆ごはんには違いないが）「私のヒスイめし」という名にしようと考えた。ぎんなんだってヒスイではない。

だれかを招いて「私のヒスイめし」を食べさせ、その名のいわれを話題にする。そんなことも楽しいではないか。

そういえば、昨夜の中華料理店で、鶏とカシューナッツと枝豆の塩味いためが出たのもおいしかった。いつもピーマンが使われるところに枝豆が使われているのだ。

出盛りの枝豆、せいぜい料理にも使いたい。

花ではないけれど、枝豆ごはんはごはんの中に咲く花のようだ。

菊酒作り

毎年、年のはじめに湘南のあるレストランでのパーティに招いてくれる人がいて、今年も楽しみに出かけていった。ちょうど成人の日に当たっていて、晴れ着を着たお嬢さんたちの姿が電車の中にも海辺の町にも、この日らしい風景を作っていた。

お仲間と、近くの駅で集まっていくことになっていたため、早めに着いてしまった私は、駅前商店街を少しぶらついた。干物屋さんをのぞいたり、おいしそうなおまんじゅうを店先に並べているお菓子屋さんの前に立ち止まったり、こういう時間の楽しさを味わいたくて、私はいつも、人と約束をすると早めに目的の場所に着くようにしている。

その日、すてきな買い物をした。スパイスの種子を見つけて、あれこれ買ってみた。ペパーミント、カモマイル、ローズマリー、タイム、バジリコ、アニスといったものの種子で、中でも、バジリコはぜひ庭に作ってみたいと思っていたものだった。

カモマイルは、毎年、鉢植えにしたものを知人からいただくので、少量ながら花を干してハーブティーとして飲んでいる。とくべつ、おいしいというものではないが、風邪の予防にいいといわれるので、ぞくぞくっと肩先が冷えるような夜、熱い紅茶に入れて飲んだり、花だけを少量のお湯で煮出して飲んでみたりする。

新潟から山形あたりの秋の味覚として忘れられない「かきのもと」(食用の薄紫の菊)も、毎年、新潟在住の友だちが送ってくれるので、一部をお酒につけて、冬じゅうの風邪の予防に飲んでいるが、菊は風邪予防だけでなく、医療用に使われるものが多いようだ。カモマイルもキク科の多年草だが、これが菜園に植えてあると、まわりの植物に元気を与えるとのこと。薬用に使われる菊の一種だと聞いていたので、自分でも種子を買ってみようと思っていたところであった。

菊酒のこと、秋の家事のひとつだが、とくに分量も気にせず、広口びんの中に菊の花を詰め込み、ひたひたになるまで焼酎を加え、さらにはちみつを適当に加えて密閉しておく。こはく色になるまでそのままにして、ちょうど寒くなって風邪ぎみかしらと思うときに、菊酒を思い出す、というのが毎年の例だ。

菊酒の菊は、取り上げてふきんにとってしぼり、一度、ハーブティーみたいに煮出して飲んでから捨ててしまうが、お酒のほうは、ろ過紙でこしてからウイスキーの空きびんなどに詰めて保存している。毎年少量ずつしか作らないので、一年でなくなってしまうけれど、菊酒作りも季節を教えてくれる家事のひとつだ。

昔の女たちは、一年を、こうした季節家事で区切りながら、たとえば菊が花を咲かせれば、一方では酒を作ったり漬物や薬にするための花を干したり、冬じゅう仏様の花に困らないように、吊し花にしておいたりと、いろいろな生活技術を身につけたのだろう。

薬になる花、実、食べられる花や葉や実と、昔の人はよく知っていた。だから飢饉《ききん》のときも、食いつなぎということができたのかもしれない。

飽食の時代といわれる今、地震にそなえてインスタントラーメンやレトルト食品の買いだめでもしておこうかという相談をもってくる若い人たちに、

「まあ、何でも用意しておいたら？」

と、冷たく返事をするが、備えというのは買いだめだけではないのですがねぇ、と意地悪のひとつもいいたい気持ちがある。そういう私も、ずっと昔の主婦から見たら、生活技術もなくなっている。だんだん世の中が便利になると、実生活的な生活力が消えていくことはたしかなようだ。

一寸ゆずの香りを楽しむ

　今年はうちの一寸ゆずが七個実った。ちゃんと実のなる木をもらったのに、ここ八年の間に三年ほどは実がつかなかった。理由は刈り込みすぎだったそうで、庭木のことにくわしい人から教えてもらった。

「でも、ちゃんと植木屋さんに手入れをしてもらったのだけれど」

　私は不満げにいったらしい。その人は、

「ほかの木だって見てごらんなさい。みんな、のびてきたところをチョキチョキ切ってあるだけじゃありませんか、つつじだって今年は花が咲かなかったでしょう」

いわれてみればそうであった。そして思い出したのは、その植木屋さんが、先代が亡くなって急に仕事をついだ人であったこと、あんまり商売熱心ではないこと、等々であった。

花を見たり、何でも種子をまくことは好きでも、木の手入れ方法などよく知らない私は、茂りすぎたところを適当にきれいにしてもらえばいいつもりでいたが、ひとつ勉強になった。

それから二年ほど、植木屋さんを頼まなかった。今年はのびた枝の先に小さな丸い実がついているのをたしかめていた。寒くなったら少し色づいてきて、七つほどが見えがくれしている。

私の年中行事のゆべし作りには一寸ゆずは向かないが、ちょうどおいしくなった大根とあさりのむき身を薄味で煮て、一寸ゆずの表皮をせん切りにして散らすとなんともおいしい。

晩年の夫が自分の娘のようにしていた若い人が、結婚をするというとき、婚約者といっしょにその一寸ゆずの木をもってきて庭に植えてくれた。すてきなプレゼントに夫は大喜びしていたし、私は実用的に、汁の実や煮物にと、黄色くなっても木につけておいて、そのつど新鮮な香りを楽しませてもらってきた。

今年は、白い花を見たときから待っていた実が、今は私の食卓に香りをそえてくれている。

もう、東京にも初霜の便りがあった。

自分だけの年中行事

毎年、冬至に作るわが家のゆべしが、今軒先に吊り下がっている。いつしか、自分だけの年中行事として家事の中に組み込まれてしまっている。家事といっても、現在は家族のいない気軽さですべてマイペース。いやなら何もしなくてもいい。食事作りさえ、面倒なら外へ食べに行く自由もある。

まして、年中行事を取りやめたってだれも文句をいう人はいない。それなのに、やっぱりゆべしを作ろうとするのは、これを待っていてくださる方が何人かいるという「はげみ」があるからだろうか。

作るたびに、もう、あと何度これが作れるのかしら、と考えたり、こういうものの作り方を若い人に教えておくのが先輩としての務めだろうかと思ったりする。

もし、作ってみようとお思いの方は、ぜひ一個でも二個でも作ってみてほしい。丸ゆべしを作っている地方は多いと思うが、多くはみそとゆずの組み合わせ、もち粉を使う甘みの丸ゆべしもあるし、ご存じの方が身近にいる場合は直伝のほうがよいと思う。

私のは八丁みそとゆずの組み合わせである。柚釜《ゆがま》の中に八分目ほど酒とみりん少々でゆるめた八丁みそを詰め、ふたの部分をのせて一時間ほど蒸す。ゆずが透明になったら蒸し器から取り出し、形を整えて二日ほど風に当て、それから和紙に包んでテルテル坊主のように頭を結んで軒先に吊す。で、立春まで風干しして取り込む。それをごく薄切りにして、抹茶や酒のさかな、懐石料理の八寸に山のものとして使ったりする。

これだけのことだが、冬至に作り立春まで置くことが、ひとつの生活のサイクルにもなる。

この冬は、ゆねりも少々作ってみた。ただ、こまかく刻んだゆずの皮をちょっと水煮してやわらかくし、あとはとろ火で水あめを加えて練り上げるだけ。私は最後にみりんを加えて照りをつけるが、お抹茶をいただくときに口にするとおいしい。

ゆべし作りの弟子

　毎年、私の年中行事にしている「ゆべし」作りに、今年は二人の弟子入り志望者があった。一人は亡父が親しくしていた当時の青年T君、今はもう少しおなかが出てきてややおじさんの気配が見える。もう一人は私の甥《おい》の娘で、たまたま二人が私の家に来合わせて、いっしょに夕食をしていくことになった。

　その日、私は夕食のあとで、作りかけのゆべしを包んで風干しにする予定を立てていた。それで、酒飲みのT君には、

「勝手にウイスキーを出して、飲んでいらっしゃい、私はゆべし作りをしなければいけないので」

と、夫がいたころしていたようにお客扱いはせず、娘に手伝わせながら仕事をはじめた。

柚釜に八丁みそを詰めて一時間ほど蒸したあと、ざるに並べてふきんをかけ、二日ほど風に当てておいたゆずを、和紙に包んで干し上げるという最後の工程にかかったわけである。

T君は病身の母親と二人暮らしで、ときどき酒のつまみなど教えてくれといってやってくる。この前は、松の実を入れた鶏みそを教えたが、それを作って、会社での飲み会にもっていったら好評だったとかで、このごろは料理に興味をもっているようである。

私の手もとを見ながら飲んでいたT君は、どんな味になるのかと聞く。昨年作ったのが少し残っていたので、ほんのひときれを食べさせた。

一年たってもゆずの香りはいい。ぜひ自分も作ってみたいといい出したT君につづいて、甥の娘も来年ははじめから作るのを手伝って覚えるという。

数日後、いいゆずがあったからとT君は大きな箱を抱えてやってきた。八丁みそを買いに走り、みそを酒でゆるめたりと、一日よく働いた。

T君は「男の料理としても確実にできて、見たところはむずかしそうだから最高だ」といった。

伝統的な保存食ともいえる丸ゆべしに、突然とびついたT君が、いつまでつづくか知らないが、年に一度の楽しみ料理にしてくれれば私もうれしい。

私の朝がゆ

私はおかゆ好きだ。冬の朝はとくにおかゆがおいしいし、からだも温まる。

やっぱり日本人なのだ、オートミールよりおかゆのほうがあきない。お米から炊いた白がゆを、梅干しやしらす干しをおかずに食べるのもおいしいが、私の朝がゆは牛乳がゆだ。

庭の畑には小松菜、春菊、チンゲン菜などが、ほんの四、五枚の小さな葉をつけて、霜の朝でも元気に緑の美しい色を見せてくれている。この青いものを牛乳がゆに浮かすと、とりたての若菜は格別だ。

女子栄養大学の香川学長は、米寿を過ぎた今も、髪は黒く、新聞も眼鏡《めがね》なしで読まれるという。いつお会いしても、さわやかな表情でにこやかにしておられるのを、私はみごとだと拝見している。栄養学を、身をもって実践していらっしゃるのだと心から思えるお元気さである。

その先生が、朝は牛乳がゆを作って召し上がっている、とお聞きしたので、せめて朝食だけでもと、先生のまねをしている次第だが、私のはおかゆというより牛乳ぞうすいかもしれない。なにしろ手軽な完全食をと工夫している。

はじめはお湯を少し入れて、ごはんをやわらかく煮る。ごはんがおかゆ状になったら牛乳をたっぷり加え、よく作りおきしてあるにんじんのグラッセとか、さつま芋のふかしたものなど小さく刻んで入れ、わかめなども入れる。塩味はごく薄く、卵一個を割り入れ、最後に青みを浮かす。

これで基本的な栄養のバランスはとれていると思うので、他はあまり気を使わずに、さけの切り身をほぐしたものとかちりめんじゃこ、生たらこ、牛肉のしょうが煮など、それぞれ自分で塩をかげんして作ってある保存食を、

そのとき食べたいものだけ出してお膳に並べる。今は果物も豊富で食後がまたうれしい。

若いときから、一日の歩み出しの食事はしっかり食べる習慣をつけてよかったと、自分の健康に感謝しているが、菜っぱ畑も健康作りの一端である。

(文中の香川先生はお亡くなりになって、今はご長女の芳子先生が学長をついでおられる)

ゆり根きんとん

このところ、私はゆり根きんとん作りにこっている。ご近所から、たくさんのゆり根をいただいたので、なんとかしてこの貴重品をおいしく食べたいと考えたが、あまりにもみごとな鱗茎《りんけい》を見ているうちに、急に意欲をかきたてられて、きんとん作りにはげみだしたのだった。

きんとんを作ろうと思ったのは、ときたま数人の友だちと食事に行く懐石料理の料亭で、食後のおうすに添えて出してくれる山芋やゆり根のきんとんが、とびきりおいしいことに感激してしまうので、よし、あのまねをしてみようと思いたったわけである。

仕事を放り出して、ひとひらずつに鱗茎をはがし、ちょっとした傷やよごれも包丁でこそげとり、目ざるいっぱいの洗い上げた根を、酢を落とした熱湯に入れてざっとゆでこぼし、新たに熱湯を張ったなべに入れてゆっくりと白煮にする。強く煮立てると煮くずれしてしまうので、注意しながらやわらかくなるまで煮て、熱いうちに裏ごしにかけてしまう。

甘みはみりんと水あめ、練り上げるといい艶も出る。水あめを使うとねっとりとして、きんとんの感じが出る。

茶きんしぼりでお茶菓子にもできる。小鉢に盛って、小さな黒うるしのスプーンを添え、おうすをたてて添えてみたらいい雰囲気でうれしかった。

ゆり根をくださった若い奥さんに、こんなものを作ってみたので、とすすめたら、

「あら、こういう味なんですか。じつは私、食べたことないのでどうしようかと困っていましたの。これなら子どもも食べますね。主人だって」

と、喜んでくださった。あんまりたくさん頂戴してしまって申しわけなかったと思ったが、返すというのもおかしくて、きんとん作りにはげんでは、

近所の友だちに届けたりしている。

ただ、何度作っても私の好きなあの料亭のきんとんの味は出せない。技術と工夫の積み重ねがものをいう味だと思うと、急の思いつきでまねしてみてもできないのは当然と、謙虚になれてよかった。

食用に買ったゆり根の芯を土にいけておくので毎年、夏はゆりを見る楽しみがある。

目で楽しむごちそう

庭の中に、一年じゅう、どこかで青々と群れて生えているのははこべである。汁の実に何か青いものがほしいけれど、冷蔵庫に何もない、というようなときの出番ははこべ。

お正月にかわいい芽の出ているせりを、すっかり摘みとってお雑煮に入れてしまったあと、食べられる草はないかと冬枯れの庭を見まわると、はこべだけはあそこにもここにも、というぐあいにたくさんある。

かつては、はこべといえば小鳥の餌かままごとの草とばかり思っていたのが、とんでもない話。なによりも目で楽しむごちそうだと、このごろでは思っている。

抜いても抜いても出てくると、憎らしげにいう人もいるけれど、私は、自分が雑草のように生きてきたと思っているので、はこべとは仲よくしたいと思っている。どうしてそんな気になったかといえば、花をよく見てから、急にいとおしいような気分にさせられたからであった。

はこべの花なんか、だれもていねいには見ないであろう。子どものころ、ままごとの料理作りではこべを刻もうとしても、なかなか繊維が切れなくて、玩具の包丁を放り出した記憶があるが、小さな花は〝ごはん〟だといって赤いブリキの皿に盛ったものであった。子どもの細く小さな手でなければ、はこべの花は摘みとれない。

今の家に住んで、一年じゅう庭のどこかにはこべの緑を見るようになったとき、子どものころのままごとを思い出して、はこべの花をルーペでゆっくり眺めたことがあった。ルーペで眺めた白い花は、私の感情移入もあったろうが「私ははこべ」と、自分らしい花を咲かせて、自信をもって生きているように見えた。弱々しく見えながら、ものすごい生活力のあるはこべに、私はひかれる。

春先の、淡い緑のはこべを、塩ゆでにしてできるだけこまかく刻み、同じように切ったみそ漬け大根、くるみ、松の実、いりごまなどと混ぜ合わせ、熱いごはんや、朝のおかゆにふりかけて食べるのが私は好きだ。ごはんに混ぜたおにぎりもいい。春のピクニックに、私はよくはこべ入りのおにぎりをもっていく。

ぼけ酒作りはお休み？

大寒の入りという日が、晩春のように暖かい。どういうことなのかと気味が悪い、本当に、けだるいような暖かさで、

「地震でもあるのじゃないかと、いやな気持ち、やっぱり寒い季節にはきちんと寒いほうが安心だわ」

そんな電話をかけてくる友だちもいた。

気まぐれ天気に植物たちまでだまされるのか、開花を急ぎすぎるようにも見える。新聞を取りに出たついでに、ちょっと庭を見てまわったら、ぼけが三輪ほど花を開き、もう、明日にでも開きそうなつぼみがびっしりと枝を染めている。

わが家のぼけは、ぽつぽつと一年じゅう咲いているみたいによく花を咲かせるが、びっしりと咲きそろうのは、やはり春である。

「こんな季節に、早まって花を開かないでほしいな」

私はひとりごとをいった。まだ、花粉を運ぶ蜂《はち》がいない季節なのに、咲ききってしまっては実がつかないのではないかしら、と心配なのだ。

昨年も暖冬といわれたが、ぼけの花がいつごろ盛りであったのか、すっかり忘れてしまった。ただ、例年のように実はつかなかった。

ここ数年、よく大きな実がついていたので、ぼけ酒を作ったり、すりおろして大根おろしに混ぜ、しょうゆで味つけして焼き肉を食べたり、しらす干しをあえたり、独特の香りと酸味を楽しむのだが、昨年は二個しか実がつかなかった。生《な》り年と、そうでない年があるのかもしれないとは思ったが、私流の解釈で、気候にだまされて早く咲きすぎたせいだと思いたい。そう考えたほうが面白いからだ。

それというのも、ぼけの花に群がる蜂の姿からの連想で、この花が盛りの

とき、どこからきたのかと思うほど、たくさんの蜂がきて、ぼけのみつを吸っているのを見るからだ。ほかに花も咲いている春の庭に、ぼけだけを選ぶようにして群れている蜂の姿は、このみつがとくべつ好きなのだろうと思わせられる風景だ。

寒中に咲ききってしまっては、蜂もいない。実にならないではないかと私は気にかかる。

ぼけ酒作りは今年もお休みか、と大寒の日に咲いているぼけを見ながら考えた。

第三章　季節とともに暮らす幸せ感

忘れていた春先の家事

三月に入ったら、肌に感じる寒さは厳しいのに、なんとなく陽ざしに明るさを感じて、カーテンを洗ってみたり、庭に出て草を抜いてみたり、じっと座っているのがもったいない気持ちである。

忘れていた春先の家事も思い出して、さてもうひとがんばり、とスリッパのクリーニング、テーブルセンターの取り替え、窓ガラスふき、など春の陽とかかわる仕事を次々に仕上げたら、汗びっしょり。

外が明るくなると家の中の小物の汚れが気にかかるのは面白い。

お客の出入りの多いわが家は、客用スリッパとトイレだけは、だれにでも気持ちよく使ってもらいたいのでいちばん気をつけている。

私は、お医者さんとか学校、旅館でもそうだが、スリッパの底と足の当たるところが重ねて整理されているのを見ると借りるのがひどく気持ちが悪い。だからわが家のスリッパは絶対に重ねないし、内側にはアルコールをスプレーして、底はよく洗剤ぶきしている。

トイレも洋式だと便座にぺたりと肌がつくから、気持ちの悪い人も多かろうと思うので、アルコールスプレーを置いて、使う前に消毒したい方にはしてもらえるようにしてあるが、私も日に二回は除菌剤のしみ込んだ使い捨ての紙で掃除をしておく。

家の中のすべてを完璧にきれいにはできない。が、客のかかわる場所とか一日のほとんどを過ごす部屋、食事作りの場、そんなところだけでも明るい春の陽の下で清潔だと自分で思えるようにしておきたいので、陽光に春を感じると、私はとたんに働きたくなる。

椿《つばき》、ぼけ、猫柳と、花はきれいだし、すっかり芽立ちのしたくができた木は木はしっかりと枝をのばしている。

若木も老木も、それぞれのいい姿をしているのが、この季節にはよく見渡せる。やがて若葉におおわれると、目先のものばかりしか見えなくなるが、この時期、家事にも庭の眺めにも身が入るのがうれしい。

冬じまい

草たちの生存競争を見ているようなわが家の庭だが、昨年はあんまりどくだみがはびこったので抜いておいたら、今年は十二単《じゅうにひとえ》がみごとに花を見せてくれた。

十二単も繁殖力は強いが、どくだみにはかなわないのか、草むしりを怠けていた昨年は、ひょろひょろとしていて、花も少ししか咲かなかった。

今年は、紫の花の色も冴《さ》え、庭からわが家を訪れる親しい人たちが、思わず足をとめたくなるのか、

「今年はとくべつきれいじゃない？」

などと、ひとしきり嘆声を聞かせてくれる。

きのう、この十二単を私にくれた人が移植ごて持参で訪れ、自分の家のが雑草に負けて消えてしまったので少しもらいにきた、と根ごと掘っていった。お里帰りか、とまわりに気弱く圧されてしまうところもあるらしいこの草に、急に親しみを覚えた。

十二単が盛りと見えるころから、気候は忙しく動き出す感じで、朝夕の気温の差の激しさをとくに肌で思う。日に何度も着替えをする季節だ。

そうだ、と気がついた。

私の花と家事を結びつけた暦には、この花がわが家に根づいたころから「十二単が花を終えるころになった。マフラー類をクリーニングしておく」とメモしてある。

春はいっぺんに花が咲く。とくに今年は変な気候だったせいか、何もかもいっぺん、という雪国みたいな咲き方だ。

数日前、北海道の十勝《とかち》川支流の河原で、頭を出したばかりのつくしんぼを見かけた。一本とってみると、はかまも固くしっかりと太っていた。空から風花が舞い降りてくる河原にまだためらいがちな春を感じて土の中で待っている生き物たちに、感動を覚えてきたばかりである。

十二単の咲く前のベランダで、広口びんにベンジンとマフラーを入れ、振り洗いをしながら、ひとつ冬をしまえてよかったと思った。

新茶の注文とサルビア

「新茶のご予約承ります」

こんなポスターがお茶屋さんの店頭に出はじめると、私の苗屋さん通いがはじまる。とくべつそのために出かけるわけではないけれど、買い物にも遠まわりして苗屋さんの前を通らないと気がすまない。パンジー、デージー、雲間草《くもまぐさ》、その他、すでに花をつけている苗と、夏の花の苗をみつくろっては買ってくる。

いつも新茶を予約する店の近くに花屋さんがある。ふだんは鉢植えの草花を店の表に並べているくらいで、本業は切り花を扱う店だということをはっきりさせているのだが、春だけは、ばらだのサルビアだの、芝桜だのと、苗も置いている。

新茶の注文をしたあと、私は必ずサルビアの苗を買うのがここ数年の習慣になってしまった。人にはよく、こんな自分だけのしきたりみたいなことを守ってしまうことがある。

サルビアは夏じゅう咲きつづけて、霜がくるまで元気でいるが、二度ほど霜にあうと、ゆですぎた菜っぱのようになって倒れてしまう。

そのころになると、もう年の瀬の家事メモなどもしておかなければと、心せかれてくる。

草むしりの季節

今年は紫陽花《あじさい》の色がとてもきれいだ。

濃い紫の中に、ほんのりピンクがかったところがあったり、微妙な花色の濃淡がみずみずしい緑の葉とともにゆれているのを見ながら、朝の紅茶をゆっくりと飲む幸せな瞬間。

寝室の戸を開けるとすぐ目につく場所に一株、食卓から見える場所に一株、そしてトイレの窓から見えるところに一株と、みんな鉢植えのいただきものを庭におろしてやったのだが、毎年よく花をつけてくれる。ただし、花の色は、毎年同じようでいて少しずつ違う。紫の濃い年、薄い年、強いピンク系の色に咲くときなどと、ちょっとずつ違う。

七変化するといわれる花だから、少しずつ時期をずらして見てそう感じるのだろうか、とも思うけれど、「年々歳々《ねんねんさいさい》花同じからず」と思っていたほうが今年はどんな色かと待つ気持ちも起こるから楽しみがあっていい。

梅雨《つゆ》どきに咲くこの花、雨に強いのも自然の与えた知恵か。夜中にどしゃ降りの雨だったから、どんな姿になっているだろうかと、朝心配して戸を開けると、まだ花の命が盛りのうちは、少し露を含んでいても、すっくと上を向き、咲きほこるようにしている。たっぷり露を含んで下を向いているときでも、露を振り落としてやるとシャンとする。

今年の梅雨は陽性だそうで、東京は夜中に降って朝晴れていることが多いのだが、ベッドの中で雨の音を聞きながら、紫陽花はどうしているかな、と気にかかる。

ちょうど、紫陽花が咲くころは草むしりの季節。どくだみを抜こうか抜くまいかといつも迷う。どくだみの花は好きだからと、去年はいい気で眺めていたら、ほかの草花がみんな負けてしまった。今年は、みずひき、姫あやめなどがまだ姿を見せない。

　毎年出る場所のどくだみを抜いてみると、みずひきはその下にひょろひょろともやしのようにのびていたが、弱々しい。強いはずのみずひきも、どくだみにはかなわないのだろう。

　どくだみばかりの庭になってもさびしいから、やはり毎年、紫陽花の咲く前後は、とくに草むしりにはげまなければいけないようだ。

はまゆうが知らせる梅雨明け

七月三日。

はまゆうが咲きはじめた。今日は三つ。

もし山にあって、遠くから眺めたら白ゆりと間違えそうな花だ。今、うちの庭に咲くはまゆうは、宮崎の青島《あおしま》で小さな球根を買ってきて土にうずめておいたのだが、庭すみにびっしりとはびこってしまった。過密になりすぎて、あちこちへ「もらってください」と頼んでお嫁入りさせているのだが、本当に丈夫である。

葉が茂って、近くを歩くのに不便になると思いきって葉を切ってしまうのだが、その葉の間から、突然のように太い茎が出てきて、てっぺんに、つぼみが出る。そして、勝手にあちこちに向いて花を開く。

この花を見ると、必ず私はある町の役場の屋根を思い出す。

ずっと以前講演に行った町なのだが、小さな町の役場にしては立派な建物だと思ってしげしげと見たら、その建物の屋根に、四方を向いた拡声器を発見して、「何かお知らせ事項があると、この拡声器で町じゅうに知らせるのかしら、近所の人は昼寝をしていても目が覚めてしまうだろうな」と思い、ひとり笑いをしたことがある。

はまゆうが、はじめてうちの庭で四方に向かって咲いたとき、とたんに思い出したのがあの町役場のお知らせラッパの姿であった（ラッパなんていってはいけないのだろうが）。

もう、三十年近く毎年咲きつづけてくれるのは、ときどきのお嫁入りで根を分けるため、間隔があいて、また新たに育つのだろうか。

今年はちょっと早めに咲いたけれど、この花が咲くころになると「梅雨もそろそろ明けるな」と思う。そしてやっと真夏用の衣類で外出ができるので、薄物の用意をしたり、梅雨のうちはいつも手もとに置きたい軽いブルゾンをクリーニングに出したりする。

私は気が早く、冬が去ったと思うとすぐ冬物をみんなクリーニングに出したりしまい込んだりして、いつも夫から文句をいわれていた。「梅雨過ぎるまでは、年寄りは靴下だって厚手のものがほしくなるのだ、毎年、おなじことをやっている――」と。

そういわれても、汚れた衣類があるようで、季節はずれのものが出してあるのはどうも好かない。今どきのご夫婦なら、

「勝手にすればいいでしょう、自分のことは自分でしなさいよ」

と夫のほうが叱られるのかもしれない。

今の私は自分だけのことを考えればいいので、本当に気が楽だ。

玉すだれが花盛りになると

玉すだれの白い花が、ベランダをとりまいてびっしりと咲きはじめると、もう夏も終わりに近いことを感じる。群れて咲いていると、ああきれいだと思うだけだが、一本を抜きとって食卓に飾ってみると、たおやかでありながら凛《りん》とした気品に満ちて、まっすぐに咲く姿には、あこがれの気持ちさえわく。私もこんなふうに生きたい、と。

これは友だちの家に咲いていたのを、一株分けてもらってきて食卓から見える場所に植えておいたのだが、数年のうちに、たちまち増えて、今ではわが家からよその庭にもらわれていった株もたくさんある。

もう二十数年、季節がくると、ますます広がっていることを感じる。

玉すだれの花盛りになると、植木屋さんに電話をしなければ、と思い出す。やがてくる台風の季節にそなえて、のび放題の木の枝をつめておかないと、電話の引き込み線に近いみずならの木はあばれて電線を切るかもしれない。枝の折れる木も出るかもしれない。ついでに、屋根や家の外まわりを点検しておいてもらわなければ、と思うのである。

自然とともに暮らす感じ

今年は八月上旬から、庭の萩が一つ二つ咲きはじめた。早い、と思っていたが、九月半ばで花は満開というところだろうか。おかしな気候に、花もとまどってしまったようである。

毎年、萩の花が盛りになると、冬の衣類の点検をしておく。夏物は順にクリーニングに出すものと自分で手入れしてしまうものとに分けて、少しずつ少しずつ整理をするのが私の年中行事だが、花や葉の色などに季節を教えられてする家事は、何か自然とともに暮らしている感じがあって、私は好きなのだ。

今年は、八月半ばからとうとうクーラーのある部屋で過ごしてしまった。

急ぎの仕事があって机の前にじっと座っていなければならない日がつづいたため、好きではないが冷房をしないと身がもたなかった。

扇風機の風を遠くから送るようにしていたが、体じゅうがあせもでびっしり赤くなってしまい、それが引き金になって湿疹《しっしん》になった。赤ん坊みたいに体じゅうにベビーパウダーをはたきつけたり、飲み薬を飲んだり、あせもというのがこんなに気持ちの悪いものだとは知らなかった。皮膚科のお医者さんにも、はじめてお世話になった。

萩の花がいやに早く咲きはじめたのは、冷夏のような気候のまま秋に入ってしまうのかと、衣類整理の家事ごよみが狂ってきそうな予感をもったが、しっかりと残暑に見舞われたから、まあ、花も気候にだまされたのに気づいてか、しばらく咲きしぶって、ぱっと盛りを見せてくれている。だから自然は、やっぱり信頼できる、と妙に感心したりしている。

昨夜、都心のマンション暮らしをしている友人が訪ねてきた。家じゅう開けっ放しで夜風を楽しんでいる私を見て「いいわねぇ、自然に近い暮らしは」といった。

その人の住まいは、ほとんど一年じゅう窓を開けて暮らすことがないという。騒音とほこりがひどいので、冷暖房と空気清浄器は欠かせないといっていた。

庭の花に教えられて家事をするなんて、幸せだと思った。

萩が咲いたら秋じたく

茂るにまかせていた雑草を抜いたら、にわかに姿を見せはじめた彼岸花《ひがんばな》。コルチカムも薄紫の花を見せた。雑草と、ひとまとめにいってはもうしわけないのだが、どくだみだの、すべりひゆ、すずめのかたびらといった生命力の強い草がはびこりすぎると、私の待っている花が負けてしまうので、つい雑草と呼んでしまう。

みんな、それぞれの花は美しい。とくに、どくだみの白い花の盛りには、わざわざ虫めがねを持ち出して拡大して見たりするし、すべりひゆの黄色い花も好き。

ちょっと酸味があるけれど食用にもなるのを、災害でもあったら、こんなものを食べて暮らせばいいと思ったりもする。

彼岸花が咲くと、夏じまいを急がなければと心せかれる思いになり、冷房機のフィルターを洗ったり、クリーニングに出す衣類をまとめたり、仕事のひまひまに、わずかな時間を拾い集めるようにして、夏を整理する。こんなふうに、庭の草や木の花々に教えられて家事をはこぶようになって久しい。

さいわいに、わが家の近くには緑が多い。駅までの道にも、垣根越しによそのお宅の庭木や花壇の花を見ることができるし、散歩道の公園には、四季の移り変わりを見せてくれる木々や、摘み草のできるところさえある。

私は、いつの間にか、身近に見る花々から季節を教えられて家事の手順を考える習慣が身についた。これは、花屋さんの店先に見る花ではなく、やはり、自然の中で咲き出す花々でなければならない。

限られた地域、小さな庭ではあっても、つきあいが長いといろいろな思い出もこもるので、多少は開花のずれがあっても季節感はしっかりと記憶している。

たとえば今年の夏は、八月はじめにちょっと涼しい日がつづいたせいか、早くから萩が咲きはじめた。「萩が咲いたら秋じたく」というのが毎年の私の家事ごよみなのだが、どう考えても八月はじめでは早すぎる。立秋とはいっても、しばらく様子を見よう、と、のんきにかまえたら、なんとそのあとが猛暑。萩はちらほらつけた花を、はずかしげにそのままにしていた。朝夕の涼風が、本物の秋近しと感じさせるころになったら、いっせいに咲いてきた。

この萩は秩父の山あいの農家の庭にあったのをいただいてきたのだ。秋彼岸のころに、数人で山歩きをしたとき、通りかかった家の庭に、あんまりみごとに咲いていたので見とれていたら、何かの用事で家の中から出てきたらしいおばあさんが、いぶかしげに私を見ているのに気がついた。

「こんにちは。あんまりいい色の萩なので、見とれてしまって」

とあいさつをしたら、気を許した顔になったおばあさんが「何も面倒みてやらなくても花は毎年咲くよ」といって芽生えみたいなのを根を掘って古新闇に包んでくれた。以来、わが家の庭に移り住んで長い年月を経た萩は、赤松の大木の下で、花の季節以外は目立ちもせずに、しかし、しなやかに生きつづけている。「萩さん、来年もまた秋じたくを教えてください。よろしくどうぞ」

山小屋で暮らすぜいたく

戦後まだ数年というとき、夫の友人の別荘を訪ねて、はじめて蓼科《たてしな》へ行ったとき、私は水のおいしさにおどろいた。夏という季節の、いちばんのごちそうだと、まずコップ一杯の水をふるまわれて本当にびっくりした。

東京でも井戸の水を飲み、水にはめぐまれていると思っていたのだが、蓼科の水は冷たさといいのど越しの透明な味わいといい、

「おいしいっ」

と、大声でいってしまった。

近くを歩くと流れの中にクレソンがいっぱいある。空気のおいしさ、草や木の姿、何もかもが魅力的で、私もこんなところで暮らしてみたいと思っ

た。少女のころから山歩きは大好きであったし、朝夕のさわやかさは、東京の湿気の多い夏から、すっぽりと別世界に入り込んだような快さがあったせいかもしれなかった。

数日の滞在中に、当時は村の管理地であった蓼科が、一年間坪三円という借地料で借りられるという情報を得た。そのころでさえ、エッとおどろく値段であり、まだまだ、いくらでも空き地があると聞いて、私はすぐ管理事務所を訪ねて貸してもらいたいと申し込んだ。

「いいとも、ちょうど、今お前さんの泊まっている別荘の地つづきが、千坪ほど空いているで、どのくらい借りるかね？」

聞かれて即座に私は千坪を借り、一年分の借地料として三千円を支払ってきた。私の考えでは、その千坪の土地に、テントを張って暮らしてもいい、とわくわくしていた。

こういう面白いことをするとなると、気むずかしい夫もすぐ賛成して、それじゃ、自分で小屋を建てたらどうだ、木組みだけは大工さんに頼んで、できるところは何でもやってみるといい、テントじゃ雨がもったら原稿用紙や本がぬれてしまうから、と、もうその中で原稿書きの計画を立てはじめたのにはあきれてしまった。

まだ、影も形もない山小屋に、本や原稿用紙を持ち込むことだけ考えるとは、なんとも苦労のない人だと思ったのだが、私自身もまた、いきなり千坪の土地を借りて、どう管理したらいいのか何も考えていなかったのだ。

中途の話は語ったところでしかたない。けれども、三千円で千坪の土地が借りられたことは記録しておきたいし、しかも、一年間の料金であったことは、特記しておきたい。

今、開発されて、観光道路も整った蓼科高原は、もう私などにもてる小屋はない。

土地は村の管理をはなれ企業に買いとられた。開発されつくした山は、レジャーブームにのって、ますますにぎやかになるだろう。

もっともっと人気は高くなるにちがいない。本当にいいところなのだ。

私は、まだポツポツとしか家の建っていなかったかつての蓼科に、「マッチ箱」とみんなにいわれた五坪の小屋を建て、数年の間、夏から秋にかけてそこで暮らすことができた。たくさんの植物たちに出合い、きのこを知り、自然というものの厳しさも、やさしさも知った。

いちばん好きだった風景は、薄紫の松虫草《まつむしそう》の花が一面に咲いて風にゆれる広々とした山の斜面と、私の千坪の借地に咲く夕すげの群れを通して、はるかな八ケ岳を眺められる場所であった。あんなぜいたくを味わったことはない。

マッチ箱とはいえ、なにしろ、自分の家と名のつくところから、庭の向こうに八ケ岳を借景とする雄大な眺めがあった。本当にぜいたくのかぎりを味わっていると思えるすばらしさであった。

山で松虫草や夕すげが咲くのは、もう、すぐ秋のくることを知らせているのであった。東京以外には暮らしたことのない私は、はじめの年は急に冷え込む朝夕に、厚いソックスの用意もなくあわてたが、ここでも土地の人の話を聞いた。はつたけが出たら、そろそろ秋の長雨がくるかもしれないとか、夜はいつでもストーブがたけるように、松ぼっくりや小枝をひろってためておかなければ、といったこの土地に暮らすための季節の心づもりが必要なことを学んだ。

みんな、身のまわりの自然に教えられて暮らしているのだと思った。

私が蓼科から遠のいたのは、私の借りていた土地の中で、自殺者が発見されてからである。

どうしてそこを最後の場所に選んだのかは知らないが、私が、最高のぜいたくと思っていた山なみの見える夕すげの群れるところであった。夕すげの花の季節ではなかったが、なんだか、ぜいたくな気分を味わうどころではない気持ちになった。

かりにもわが庭内とあって、警察の人とともに私も現場を見にいかなければならなくなった。どんな事情をもった人だったのであろうか。今も気にかかる。

数年間を濃密につきあった蓼科高原は、植物とのつきあいの面白さを深く教えられたし、土地の方々とのつきあいは、村の暮らしのよさもわずらわしさも教えてもらった。私にとっての生涯の先生みたいな存在なのである。

においに敏感になる

親類の若夫婦がジャスミンの鉢植えを持ってきてくれた。

固いつぼみがびっしりとついていたが、寒い部屋に置いたせいか、毎日、日光に当てていたものの、花はなかなか開かない。寒すぎるのかと心配になり、暖房のある仕事部屋の机にのせておいたら、数日して一輪が開いた。ジャスミンの香りがこんなに強く感じられたのは、はじめてのことである。

一輪が開き出すと、二輪、三輪とつづけて咲き出した。

ある日、外出から帰って閉めきってある仕事部屋に入ると、ガスくさいと感じた。ストーブ、コンロ、ガスコンセントと、部屋にあるかぎりのガス器具は全部元栓が閉めてあるし、心配なところはどこにもなかった。においのもととなるものをさがしても、机の上のジャスミン以外何もない。ふっと、このごろ部屋に入るとぱっとジャスミンの香りを感じるのに、その日は感じなかったことに気づいた。

この生ガスのにおいに似たものと、ジャスミンとは何か関係があるのだろうかと、念のため窓や戸を開け放してから食事の支度をはじめたが、そのとき、どうも熱っぽいなと感じた。そのうちに、体がぞくっとしてきた。とりあえず、熱いほうじ茶を一杯飲んだが、いつものよい香りがない。

やっと、風邪ぎみでジャスミンの高いよい香りが、ガスのもれているような変なにおいに感じられたのだとわかってほっとした。でも、こんなことってあるのだろうか。

夫が生きていたころは、前でたばこを吸われると、私もつられていっしょに吸っていたが、いなくなってからは、ほとんどたばこを手にしなくなった。そのせいか、においに敏感になったようで、とくにガスとかものの焦げるにおいは前より早く感じると思う。

ジャスミンとガスを間違えたのは風邪のせいだが、とにかく、命にかかわるようなことに、においが関係することも多いので、若い人がいたずらから、喫煙の習慣をつけてしまうのは、なんとかやめてもらいたい。

季節はずれのうぐいす

まだ外は暗かったけど、なんだか暑くるしい感じで戸を開けた。明け方は真夏でもぐっと気温が下がるというのに、今日は六月八日、この暑さはどういうことかしらと思いながら、網戸を通して入ってくる涼風に、またうとうとしていた。気候が定まらないときなので、夏風邪でもひいて熱のせいで寝苦しくなったのかもしれない。

つい、また眠ってしまったらしく、目が覚めたときはすっかり朝日が昇っていた。とたんに耳に入ってきたのが、うぐいすの声だ。私のベッドの頭のところは小さな木や雑草の茂るにまかせた斜面になっている。窓のすぐ外は土だといってもいい。だから、秋は虫の音がやかましいほどで眠りをさまたげられることもある。薄暗いうちから、すずめのさわぐ声に目覚めさせられることも多いが、今朝はうぐいすに起こされたのだろうか。

いや、今ごろうぐいすがいるはずはない。毎年、一月から二月ごろにうちの庭にもつがいのうぐいすが来るのは知っているが型どおりにホーホケキョとは鳴けずに、変な鳴き方をする。まだ、ちゃんと鳴けないのだと思って、いつもほほえましく見ている。

六月というのに、なんでまたうぐいすが？　と起き上がれば人の気配にうぐいすは逃げていくかもしれないので、じっとしていた。

近所のお米屋さんの店先に、春先から晩春まで、いつもうぐいすの鳥かごがかけてある。生き物の好きなご主人が、早春に山へうぐいすをつかまえにいき、とってきたうぐいすに鳴き方を教え、しばらくの間、道を通る人にうぐいすを聞いてもらうのだと、そのご主人はいっていた。いい声で鳴いているのを、私も何度か聞かせてもらっている。そして、暑くなる前に、山へ放しにつれていくのだそうだ。

「きっと、お米屋さんのうぐいすかもしれない。逃げ出してきたのだろうか」

さんざん鳴いて、飛び立っていったらしいことをたしかめてから起き上がって窓の外を見ると、どくだみの花が目についた。

「まったく季節はずれにうぐいすなんか来るから、びっくりしてしまったわ」

電話をする約束をしていた妹に、朝のできごとを話していたら、

「今日は真夏のように暑くなるらしいわよ。テレビの予報でいっていた」

そうか、やっぱり暑かったのか。風邪のせいじゃないなら、働きましょう、と、身軽な姿になって、ちょっとおしゃれなコート類を陰干しにして、しまっておこうと手入れをはじめた。走り梅雨か、ずっと晴れ間がつづかなかったから本格的な梅雨どきを前に今日のような日は貴重な一日だ。

家じゅう戸を開けて、せいぜい乾いた空気を吸ってもらっておこう。

台所には、すみずみまで扇風機で風を当てておこう。

松葉ぼたんと麦茶

べつに、のぞき見の趣味があるわけではないのだが、私は、通りがかりによそのお宅の垣根の内側が見えると、ついのぞき込んでしまう。あ、うちと同じ花がある、と思ったり、子どもの遊び道具が散らかっていると、いくつくらいの子どもだろう、と思ったりする。

犬が思いがけないところから通行人を見すえていて、いきなり吠えたてることもあるが、みんな、面白いのだ。人の暮らしの姿を見る思いがする。

カナダのヴィクトリアを訪ねて、二週間ほど、イギリス人のひとり暮らしの老婦人のお宅に泊めてもらったことがあった。

そのとき、いちばん楽しかったのが、住宅街を散歩しては、あちこちのお宅の庭を見ることであった。どこの家でも、外を通る人のために花を咲かせ、植木を刈り込み、いろいろな置き物を配置しているように見えた。

私は東京の自分の家の万年塀がなんとも不粋であるのを思い出し、ひとりできまりの悪い思いをした。日本に帰ったら、さっそく、椿やつつじやお茶などの植え込みを垣根にして、万年塀を取りはらってしまおうと思ったのだが、帰ってみると、自分ではできない手入れにお金もかかるし、結局、何十年たっても、いまだにわが家は不粋な万年塀である。


私ののぞき見のくせで、以前はどこの家の庭にもよく見かけた敷石まわりなどに咲いていた松葉ぼたんを、このごろはめったに見かけなくなった。わが家の庭からも姿を消した。もっと華やぎのあるものを植えようとする人が増えたためだろうか。私の場合は、ほかの草に負けてしまったらしい松葉ぼたんを、見かぎったのだ。

また、今年あたりから植えてみよう。この苗を植えるとき、私は麦茶を買い込むのを行事のようにしていた。夏の盛りの花というイメージが、麦茶を連想させるからだが、季節は先取りして用意する私の習慣からでもある。

松葉ぼたんが好きで、この花をいっぱい咲かせようとした人の話を聞いたことがある。その人は、散歩のとき、松葉ぼたんの種をポケットに入れて、育ちそうな場所を見つけると、道にも、よそのお宅の塀の外にも、ぱらぱらとまいて歩いたという。やがて、それが芽を出し、花を咲かせたのを見つけては、楽しそうに眺めていたとか。何ともいい話だと思い、よく思い出す。

見て、飲んで、食べて楽しむお茶の花

十月一日。

今年一番咲きのお茶の花を見つけた。

台所の流し台の前に咲くので、これだけは一番花から見逃しなく眺めつづける。

以前は、お茶の花は十一月はじめが盛りと思っていたが、だんだん花が早く咲くようになった。十月はじめに咲いても十一月まで咲いている花が別にあるせいだろうか。

私は料理が好きだったから、だれのためでもなく、自分のためにおいしいものを作りたいと、若いときから考えていたし、家族が「おいしい」といっ

てくれると、また「おいしい」といわせたくて、台所に立つことは少しも苦にならなかった。

いきおい、台所にいる時間は長かったし、一時期は料理も仕事にしてしまっていたので、一日じゅう台所で暮らすこともあった。それで、台所には絶対に窓がほしく、外には緑がないとせつないので、今の台所も北と東に窓をとってある。

傾斜地を少しけずって建てた家だから、台所の窓の前は、目の前にお茶や椿や笹《ささ》などがびっしりと植えてあり、ちょうど目の高さに花も見える。私の唯一のぜいたくともいえるのが、家じゅうのどこにいても外には緑があることだ。

これだけは、どんなにすてきなマンションに住んでも得られないものだと、そろそろ、ライフケア・マンションにでも入らなければならないと考えながら、現在の暮らしに未練たっぷりでいる。

ところで、お茶の花が咲けば、もうすぐ冬だから、いつでも役に立つようにストーブの調子をたしかめたり、長そでの下着も出しておかなければと思う。それと、ひざかけ毛布。

一時期、プレゼントにひざかけが流行した。「流行」といってはおかしいが、贈答シーズンのデパートなどで内覧会に出すもので流行ができることもあるようだ。手ごろな値段と見た目のよさでお歳暮用品としてたくさん使われたのかもしれないが、そのおかげでというか、わが家には何枚もひざかけがある。姑用、夫用として二枚ずつ、私用は、西洋骨董《こっとう》の店で買ったアンデスの女たちが自分のために作る毛織りの布を使っている。

子どもを背負うにも、寒さしのぎの肩かけにも、ときには道に広げてささやかな野菜を商《あきな》うときの敷物にも、その四角い毛織りの布は使われるらしい。写真で見ての知識だが、美しい色あいで、柄もこまかく織ってあるその布は、アンデスの女たちの暮らしと切っても切れないものだから、美しいのであろうと私は思っている。一生に何枚も織るわけではないらしい。羊の毛

を自分の手で染め、織り上げるまでの時間と手間はたいへんなものなのだろう。

そんな大事なものを、なぜ売ったのかと、私は興味をもった。私が買ったときは、乳のにおいでむんむんしていた。クリーニングに出したら、別のものかと思うほどに色が冴えて、汚れ放題であったことがわかったが、私は、冬になると手放さずそれを使っている。ソファで昼寝なんかするときにも、ふわりとおなかにかけたりもして、真夏をのぞけばほとんど一年じゅう使っている。亡き家族たちのひざかけも出しておこう。

お茶の花は、今の私にはひざかけ毛布と家族たちのことを思い出させてくれるものになった。

私は、お茶の花が咲きほうけてくるころになると、摘みとって干しておく。それを番茶とともに煮立て、ボテボテ茶としていただく。島根県加賀のあるお宅で、私はこのボテボテ茶を教えてもらった。松江は松平不昧《ふまい》侯《こう》の城下町で、殿様が茶の湯をすすめたため、今も茶の湯の盛んな町だという。抹《まっ》茶《ちゃ》には手の届かぬ庶民がボテボテ茶を考え出したとか聞いたが、その起源より、私にはその飲み方が面白く、いかにも庶民のものだという感じがしている。

ちょうどささらのような茶せんを使い、花といっしょに煮立てた番茶を泡立てる。この中に、かすかな塩味をつけると、おいしい。私が教えてもらったのは、お茶を泡立ててから、あり合わせの漬物とか冷やごはんを入れて、残さぬように飲むのが、飲み上手とされるのだとか。

お茶の花は見て楽しみ、そしてボテボテ茶として、また楽しませてもらう。時期は違うが、新芽を茶めしにしたり、てんぷらにして食べるのも私の季節の楽しみのひとつだ。

栗の落ちる音

あせび（馬酔木）の花が咲いた。たった一本だが庭にある。北側のおとなりの庭にはたくさんあるので、もしかすると、その縁つづきのあせびかもしれない。

冬の飛鳥路《あすかじ》を歩いたとき、この花を見た印象が強かったので、いつもこの花を見ると奈良を思うのだが、十月はじめのわが家の庭で今年の花をはじめて見たのだ。くるい咲きというのだろうか。

一本のあせびと、おとなりさんのあせびに、縁つづきかと思ったのは、ちょうどその日の朝に彼岸花を刈りとったのだが、この彼岸花、はじめは台所の窓から見える北側の斜面の土地に植えておいたのだが、いつの間にか、屋根を越えて、わが家としては表の庭ともいえる南向きのベランダのあたりに咲くようになった。球根を移し植えた記憶はないのに、どうしてそうなるのか不思議でしかたがない。ベゴニアのようにこまかな種子が飛んでいって増えるのとは違うはずだと思うのに、植物の移動は面白い。

昨年まで、東どなりのお宅には栗の木があった。それが、私の家の庭のほうに枝をのばしてきて、そこだけに実がつくので、みんな、うちの庭に落ちてしまう。それを拾ってお届けするのも楽しみだった。青いいがのまま落ちた栗は、そのまま秋の花代わりに部屋に飾っておきたい美しさだ。

事後承諾みたいな形で申しわけなかったが、きれいな栗だけおとなりさんにお届けして、いがのまま落ちたまだ青っぽい栗や、不ぞろいのは「すみません、私も少しいただきました」と手紙を添えておとなりの門柱にのせてきたりしたこともある。

どうぞお宅でお使いくださればいいのに、とおっしゃられるのはわかっているので、わざと黙って置いてきていた。内緒ごとめいた、子どもの遊びのような楽しさであった。

うちの屋根はトタン張りだから、ときに栗が屋根に落ちると、大きな音がする。ころころと転がって、ちょうど、私のベッドの枕もとに落ちてくるような気がする。窓のすぐ外に落ちるのだ。

夜中、栗の転がる音に目を覚まし、それが窓の外にポトンと落ちる音を聞くと、ああ、明日は栗拾いだと思う。二個とか三個ずつ落ちる栗をいちいちおとなりまで届けるのもおかしいので、少し拾いためておくのだ。

これは、わが家の庭で栗拾いをする秋の楽しみのひとつだった。季節を味わうのに、こんなすてきなことはない。ほんの十分か十五分の、秋の朝の喜びだが、それは昨年で終わってしまった。

たぶん、栗の木にとって生きにくい条件が重なったのだろう。だんだん枯れていく姿が私の目に焼きついている。そして、すっかり枯れてしまった。

栗が屋根を転がる音を聞くころになると、私は、残り少なくなった年内の日を数え、予定の仕事がどれだけできているか、どうしても翌年まわしにしなければと思う仕事は何か、などと、年のはじめの計画を考えなおしてみるのが常だった。とにかく、一年の四分の三が過ぎてしまったと思うと心せく思いになるからだ。

いい天気の日にはベッドのマットを日に当てたい、ベッドカバーもカーテンも、厚手のものに取り替えたい、しまってあるふとんも一度日に当てなければ、と、家事もけっこう忙しい。

もみじを浮かべたお風呂

知人が訪ねてきて、日本各地の名湯の素、とかいうのを手みやげにくれた。今、はやりの商品で、北海道から九州までの、私でも名を知っている温泉の名のついた粉がパックされていた。

ものはためし、と、ひとつを浴槽に入れて入ってみた。硫黄《いおう》のにおいがして、あとでよく袋を見たら、皮膚病にきくと書いてあった。

どうも私はそそっかしい。先にたしかめておくべきであった。以前、ひどいあせもができたとき、硫黄のお湯に入るといいといわれて硫黄の入った入浴剤を使ったことがあるので、どうもそのにおいに弱い。

私はよく、疲れたときにはオーデコロンを少し入れたぬるめのお湯にゆっくりとつかって、眠気がさすまでぼんやりしていることがある。疲れをいやしてくれるのは、自分の好きないい香りが、ほんのりとただよう中でのいこい、というものだろうか。

お風呂《ふろ》はたしかに疲れをいやしてくれる。活字の見すぎで、目がしょぼしょぼしてきたときにも、ひと風呂あびるとシャンとする。血液の流れがよくなるのは本当にいいことらしい。

家庭温泉剤のことから、ふっとお風呂のおしゃれのことを思い出した。雑誌などで住宅写真を見ると、女王様でも入りそうな、デコレーションケーキみたいな風呂場がよく出ている。私なんか、こんな風呂に入ったら、なんとも落ち着けないだろうと思う。風呂場の中で人間がおどおどしそうでいやだ。

私のお風呂のおしゃれは、たとえば秋ならば色づきはじめたもみじの葉のひとひらかふたひらを、お風呂に浮かべて入るとか、きんもくせいの花のひとかたまりを、ガーゼに包んでお風呂に浮かべる、といったこと。それぞれ、庭からとってきたり、そのお宅の庭に咲いたといういただいた切り花の中から使ったり、という程度のこと。

ただし、私は買った花や木の葉はほとんど使わない。何か農薬が使われているかしら、と思うだけで使いたい気持ちが消えてしまう。ちょっと神経質すぎるかなと、ときには反省するのだが。

なじむということ

つわぶきの花が咲いて、花のなかった庭にいろどりができた。花がない、といっては今咲いている花に失礼になるが、ほととぎす、みずひき、それに霜がおりるまで次々に咲いているベゴニアなど、命長く咲いて、花はまだあるし、四季咲きのばらもある。

お茶の花も今年最後の花が見える。ただ、それぞれが庭の片すみでひっそり咲いているもので目立たないのだ。

このつわぶきは、一株を友だちの家からもらってきて植えておいたのが、どんどんはびこって、それを庭のあちらこちらにばらまくように分けたのが、みんな、すごい勢いでのびるのだ。そして、花の絶える十月末から十一月、鮮やかな黄色を点々と庭じゅうに置いてくれる。

昨年まであったさざんかが、びっしりと毛虫にとりつかれて枯れてしまった。雨ばかりで私もあまり庭に出なかったので、防虫剤もまいてやらなかった。気の毒なことをしたと思っている。

年々《ねんねん》歳々《さいさい》花《はな》相似《あいに》たり、歳々年々人同じからずというが、本当にそのとおりだと思う。

それでも、長年住み慣れたところだけに、もうそろそろあの花が咲くころだと、親しい人の訪れでも待つような気持ちで、小さな草でもそのあり場所に行ってみると、思ったとおりに花をもっていると本当にうれしい。

今の私は、そういう植物たちとの別れがいやで、本来ならば、もう限界がきていると思いきらなければいけない古い家を捨てきれないでいる。

家を建て替えなければと思う気持ちと、そうすれば、目をつぶっていても、あそこにはゆずがなっている、ここにはねぎがある、三つ葉、せり、にら、などなど、食べられるものもとりにいける庭が、姿を変えてしまうことをおそれる。年とともにその思いは深くなる。

十年前に家を建て替えるべきだった、と今は思う。

せめて、家の建て替え計画がある方には、なるべく早く、とおすすめしたい。年をとったら、できるだけ小さな家にこぎれいに住みたいものだと思うから。

るり玉を飾る

竜のひげの実を、るり玉と呼んでいたのは、その色とまんまるい姿が宝石のように見えたからであろうか。だれかにそう教えられた。

幼い日の一時期、東京の下町で暮らしたことのある私の記憶の中に、ままごと遊びとこのるり玉がある。幼い日の記憶の一場面だけを切りとったように、ままごと道具のブリキのお皿の上に、るり玉がいくつかころがっている。その色と姿がはっきりと思い出されるのだ。ままごとをした年齢となると、下町暮らしのころであったと思うが、自分のままごと遊びなのかどうかも、よくわからない。

ただ、二十代になって、ある地方の町の旧家を訪ねたとき、白い土蔵のまわりにあったくさむらの中にそのるり玉を見つけて、なつかしいと思ったことを覚えている。

私にとって、そのときが本当の出合いであったといえる。もう初冬なのに、ふさふさと細い葉の密生している中に、あのるり玉を見つけたのだ。常緑の葉であること、「蛇《じゃ》のひげ」という名であることなど、旧家の老婦人に教えてもらったが、家に帰って辞書をひくと「竜のひげ」という別名のあることを知った。蛇のひげより、竜のひげというほうがなんとなく好きで、私はずっとそう呼んできた。

いま住んでいる家を建てたとき、玄関わきに竜のひげを植えてみようと思い立った。友だちの家の庭に、はびこりすぎたからと抜きとられてあった竜のひげを見ていたので、それをもらいにいったのだ。

以来、ほんの少しばかりのうえに、肥料もやらず、放りっぱなしにしているのだが、適当に茂り、たまに間引きをすると、また勢いをつけて茂ってくる。

花も実も、くさむらにかくれて目立たないが、ふっと気がついて葉をかき分けてみると、湿気の多い初夏にさわやかさを味わわせてくれる薄紫の小さな花や、秋深くなってまわりの草が枯れたころに、ひょいとるり玉を見ることができる。

いま、るり玉を銀の小鉢に盛り上げて応接間のテーブルの上に置いている。花の高価になる年の瀬から新春にかけて、こんなものを部屋のアクセサリーにしておく習慣がいつの間にか身についた。こういうことは世帯じみたおばさんの知恵のつもりでいたら、

「あ〜ら、宝石みたい、少しもらっていっていいかしら。小さなガラスびんに詰めて、トイレにかざっておきたいわ」

と、若い奥さんに所望された。トイレの小窓にきれいなレースのカーテンをつけているのだそうだが、そのカーテンとの配色がいいから、といっていた。

その話から思いついて、あおきの実やなんてんの実、小粒のきんかん、万

両の実など、少しずつ庭からとってきて、竜のひげの実といっしょにしてみた。みんな、小鳥たちが冬の食べ物に困って食べにくるから枝につけたままにしておくのだが、近くに置いてつくづく眺めてみると、艶やかで本当にきれいだ。

「花も実もある」という言葉を思い出した。人は花の時期も実の時期もこんなにきれいかしら、と考えた。中原中也の「汚れっちまった悲しみ」なんて、こういう美しいものを見て考えた言葉だったのだろうか。

第四章　自然とつきあい、心豊かに生きる

てんぷらパーティ

霜柱を見るなんて、東京に来てからはじめてだと、都心のマンションに住むテレビ局の人が、わが家の庭に土を盛り上げるほどにできた霜柱におどろいていたが、私は毎年、この霜柱を待って、いくらとってもどこかに出てくるぜにごけ退治をしてきた。

浮き土といっしょに熊手でかきとり、あの、べったりと土にへばりついて増殖するぜにごけをカラカラに乾かして焼いてしまう。それでも、どこからともなくまた出てくるのだが、霜柱をかきとったあとに、黒土がしっとりとした土肌を見せると、霜柱の下には春が待っていたのだと思う。少しぬれたような黒土は、なんとも温かく見える。

やがてこの黒い土から、いろんな雑草たちが芽をふき、「おや、こんにちは」と、再会を喜ぶみたいなあいさつをする日も遠くないことを感じる。雑草、とうっかり書いたが、みんな、れっきとした名をもっている草たちで、こちらが知らないだけなのだ。

草木とのつきあいは、名を覚えることで親しみもわく。自分の知らないものを、ひとからげにして雑草と呼ぶ不遜《ふそん》さに、私はいたく反省をしたはずなのだが、ついつい、雑草という便利な呼び名を使ってしまう。

もう少しすれば、庭の草でてんぷらパーティができる、というのが毎年霜柱とともにぜにごけをかきとるときの私の思いだ。

せり、よもぎ、はるじおん、ぎぼしの芽、こごみ（草そてつの芽）、雪の下、山椒《さんしょう》や柿の若葉、椿《つばき》やぼけの花、つつじの花も、みんなてんぷらにするとおいしく食べられる。

野原からとってきた嫁菜も、少しばかり庭に根づいてくれた。どくだみも材料のひとつだ。

毎年、だれかを誘って二度か三度はおにぎりとてんぷらのパーティを開く。

本当に、うちの庭にあるものだけのてんぷらだが、春ならではの味わいだからと、大いばりで人を招くのだ。

花とつきあう気持ち

この蓼科《たてしな》に 秋来ぬ
にしきぎ 色づき 照り映ゆ
わが心 やすらぎ
思うは 母のみかげ
夕星きらめく はるかに

亡くなられた片山敏彦《かたやまとしひこ》先生の作られた蓼科の秋のうたである。

夏を蓼科で過ごしていたころ、ご常連の蓼科を愛する方々との山のおつきあいの中で生まれたうたであった。中尾彰《なかおあきら》先生、与田準一《よだじゅんいち》先生、佐々木斐《ささきあや》夫《お》先生、そして片山先生。夏の山で暮らしている間の家族ぐるみのご近所づきあいはとても楽しかった。夕方、散歩がてらにお酒をさげたり、ゆでた枝豆を持参したりして、お互いの山の家を訪ね合った。

夫も私も「無芸大食」だから、食べたり、飲んだりだけで楽しかったが、お酒を召し上がらない先生や奥様は、よくおつきあいくださったと、今は反省しているが、お酒には相手のほしい夫は、この山のおつきあいを本当に楽しんでいた。

だれからともなく、「蓼科のうた」を作ろうという話が出て、ちょうど、秋の気配のただよいはじめた時期であったので、まず片山先生が歌詞を作られて、蓼科の四季をうたにしてはどうかという話になった。

夏のうたは与田先生、春が佐々木先生、ただお一人だけ冬の蓼科を知っておられる中尾先生が冬、という話がまとまって、曲は片山先生と、音楽はご専門であった片山夫人がつけてくださることになった。

これが立ち消えになったのは、片山夫人の急逝という思いもかけないことがあったからである。

私は蓼科へ行くまで、にしきぎなんていう木も知らず、片山先生のうたではじめて意識して見るようになった。また、中尾先生の奥様が、たいへん植物にくわしい方で、ごいっしょに散歩してその知識に尊敬の思いをもってからは、ノート持参で奥様の散歩のお供を願い出た。

小柄な奥様が、身軽に山道を歩かれるあとにくっついて、

「あら、ふしぐろせんのうだわ、これはいい色」

などといわれるのを、まず、

「どれですか、花ですか？　木の名ですか？」

と、奥様の目線を追ってたしかめて、やっと覚える、ということもよくあった。植物とのつきあいを、

「まず、名を覚えることからね。人と人とのコミュニケーションだって、相手の名も知らなかったら、呼びかけることだってできないでしょう？」

と、今の私の木や花とのつきあい方の先生である友だちは教えてくれた

が、中尾先生の奥様が、山道で出会う草花たちに、まるで友だちにでも話しかけるように「今年はちょっと早く咲いたのじゃない?」と言葉をかけておられた姿を、このごろ、よく思い出す。やはり、植物にくわしい方というのは、相手を知るために何かを調べるというのではなく、まず、愛をもってつきあうから、いろいろなことが見えてくるのだ、と、私はやっと気がついたようである。

奥様のあとにくっついて、あれも知りたい、これも覚えたいと夢中になってノートに名を書いていたあのころは、花に出合っただけであったのだと、今では、ようやく花とつきあう気持ちがわかってきた。

わが家の庭に一本だけにしきぎがある。蓼科の家の庭にあったひこばえを持ち帰って植えておいたのだ。

年々、春から秋までは地味で目立たないながら、枝にできているにらのようなものは特徴があるから、

「これ、何の木？ すごい老木みたい」

などと珍しげに見る人もいる。

仕事机のある場所から、いつでも眺められる場所にあるので、秋になって葉が色づくと、にわかに私はにしきぎとのつきあいを深くする。蓼科の家を訪ねてくれた友人知人に、にしきぎの秋色を見せたくて、手紙に封入したり、カードにはりつけて、ちょうど誕生日を迎えた人にお祝いの言葉をおくったりする。

お風呂《ふろ》に一枚の葉を浮かす楽しみも味わう。

差別するつもりはなくても

先日、テレビで桜の散り方に異変が起きていることを伝えていた。花びらがひとひらずつ散るのが普通の桜だが、花の姿のままぽたっと落ちるという。野鳥のしわざだそうで、映像ですずめが花をまるごと食い切り、足を使って押さえながら、花の横からくちばしを突き刺してみつを吸う姿を見せていた。

そういえば、今年はうちの椿が、半分くらい欠けて開きかけたまま落ちているのをいくつか見つけている。テレビを見て以来注意していたら、これはひよどりのしわざであることがわかった。あの、鋭いくちばしで、開きかけの椿を無残に食いちぎるのを見た。

めじろが、細長いくちばしで花芯のみつを吸う姿はかわいらしいが、すずめやひよどりが花を食いちぎってみつを吸うとは、はじめて聞いたし、映像でそれを見せられて、びっくりしてしまった。

以来、ひよどりが庭に来るといやな気がして追い払いたくなる。すずめは花を食いちらす現場を見ていないせいか、あまり気にならない。

私は、自分ながら「これは差別だ」と笑ってしまうのだが、庭にいたみかけたいよかんだのりんごを小鳥のためにと置いてやるのを、まずひよどりがやって来てすさまじい勢いで食べる。それを私は腹立たしい気持ちで見る。

私としては、まずめじろにゆっくりと食べさせてやりたい。いつもつがいで来るめじろがいて、仲よく餌《えさ》をついばむ姿がとてもかわいらしい。それを見ているのが私は好きなのに、ひよどりがわがもの顔で餌場を占領していると、めじろが近寄れないのだ。

本当は、野鳥のために餌を置くのだから、ひよどりが食べてもいっこうにさしつかえないはずなのに、私は、姿や羽の色もきれいなめじろをかわいいと思い、美しくないひよどりを「わが家の庭荒らし」として嫌う。こういう差別は人間社会の中でもある。差別するつもりはなくて差別する、これはおそろしいことだ。

「かくれみの」という花

お花の先生をしている友だちが、投げ入れにでもしてみないかと花をもってきてくれた。かくれみのとりんどうであった。

恥ずかしい話だが、「隠れ蓑《みの》」という言葉は知っていたが、同じ名の植物があるのを私は知らなかった。

言葉としてはあまりかんばしくないものだ。それを着ていれば透明人間みたいに人は見えなくなってしまうという蓑だそうだが、いかにも農業国だった昔のニッポン人の思いつきだと感心した言葉であった。

みんなが蓑をつけ、笠をかぶったら、人の見分けもできにくくなる。これも「かくれ」の一種だろうが「転じて真相をかくす手段」であると広辞苑に解説されている。

はじめて名を知った植物のほうのかくれみのはなかなか美しい。どうしてこの木にこんな名がついたのであろうと私はいぶかった。

じつはこの木、名は知らなかったのだが、ときどき訪ねていく知人のマンション近くの学校の庭に植えてあるのだ。幹はまだらに白やグリーンや灰色などが混じり合ったような三メートルほどの面白い木で、印象に残っている。葉は厚手の卵形のや三裂、五裂に見えたりするのがあり、深い緑のいきいきした葉である。

その葉先のあたりに、ついこのごろ緑色の小房になった花がついているのを発見。珍しいので気にかかってはいたが、いつも門の閉じられた時間にそこを通るので、名を聞きに入っていくわけにもいかなかった。

友だちが、八月のいけ花の花材に取り寄せたといって分けてくれたのが、かねて気にかかっていた木であったのも、巡り合わせというものだろう。りんどうとのとり合わせは美しく、はじめて名を知った花をいけながら、それがなぜ、あまりかんばしくない「隠れ蓑」という言葉と同じ名がつけられたのか、どうも腑《ふ》に落ちない感じなのである。

植物も名を知ると友だちみたいなつきあいになって本当に楽しい。

野の草花のブーケ

まだ夫が生きていたころのこと。ある朝わが家のポストに白いケーキの箱が入っていた。一瞬、私はだれかのいたずらかしらと、おそるおそる手にとってみて、まあ、なんとあの方からと、私は大急ぎで箱を開けた。

箱の上に小さなカードがはりつけてあり、

「昨日はごちそうさまでした。私もさっそくまねをして、公園で雑草を摘んできました。まだ人のいない公園の朝がこんなに気持ちのいいものだということも、はじめて知りました。お礼のしるしに、今朝摘んだ雑草の花をお届けします。朝食のテーブルに置いて、お楽しみください」

ご近所に住む女優さんの名が記されていた。

夫の友人の奥様で、有名な女優さんであったが、地味な暮らしの好きな方だったので、ときどき、べつにごちそうはないけれど私の手料理でいっしょに夕食をしていただいていた。前の晩、なにげなく近所の公園で摘んだ野の花をワイングラスにさして食卓に置いていたのを、「まあすてき」とほめてくださったことを思い出した。

ケーキの空き箱に入っていたのは、野の草花のブーケで、まだ露を含んでいる野菊とかやつりぐさが、ふきの葉で包んであった。私の家のポストは、職業柄、とても大きく、口も小包が入るように広く開くように作ってあるので、まだ閉めてあった門の外から投げ入れてもいいように、ちゃんと荷作りしてくれてあったようだ。

それにしても、なんとすばらしいセンスの贈り物、と私はみずみずしいブーケを眺めつづけ、朝の食卓では姑《しゅうとめ》や夫とともに、その花の話でもちきりだった。

〝打てば響く〟という言葉があるが、ふだんの食卓にお招きし、夫たちはお酒を楽しみ、私たちはおそうざいでごはん、というテーブルに、ちょっと飾った野の花をこんなふうに受けとめてくださったことが、生涯忘れられない私の思い出になっている。

その女優さん、残念ながらもう亡くなってしまわれた。いい作品に出て、個性的な役柄を演じつづけていたのに、と私はとても残念に思っている。

小さな草花の命

ふうせんかずらの種子をもらって庭にまいておいたら、昨年、あちこちの木にからみついてたくさんの実を結んだ。あんな小さな白い花が、どうしてこんな実を結ぶのかと感心ばかりしている。

今年も思わぬところから芽ぶいて、今はもう終わりの花と青い実が同居している。落ちた種子から出たのである。

昨年、珍しがってこの種子をもっていった人から、先日鉢植えにしたふうせんかずらが届けられた。

「昨年いただいた種子から、たくさんの芽が出て。その中の一本をお目にかけます」とメッセージが添えてあった。

その鉢をベランダに置いて、嫁にやった娘の里帰りって、こういう気持ちかしらと思ったりする。

子どもをもたない女の感傷ではない。命のあるものって、いいなと思うのだ。

これが来年もまた増えつづけて、どこかの家の庭に実を結ぶだろうという喜びである。

すでに今年も、種子のもらい手がたくさんいる。人の目につきやすいベランダの前にはびこっているので、いつもベランダから出入りする親しい人たちが目をつけていて、

「種子をとっていいころになったらもらいにくるから、捨てないでよ」

といっている。それで私も、植木屋さんを頼まないでいる。

わが家に出入りする植木屋さんは若い人だから、草花には関心が薄いらしく、うっかりしていると、大切にしている草もみんな抜かれてしまう。昨年はみずひきもほととぎすも、根こそぎ抜かれてしまった。庭はきれいになる

が、人からもらった草花たちが消えてしまうのがつらい。

今年は、はじめてわが家につりがねにんじんが咲いて、今は最後の花をつけている。いただきものの野の花だが、花を見るたびに、それをくださった人を思い出すので、小さな草花でも私には大切なのである。

こういう命たちと仲よく生きられる環境が、いっぺんに失われたかつての空襲の夜を、このごろよくふっと思い出す。

散歩道の美しい垣根

消耗品の買い置きを、なるべく少なくしようと思うのだが、どうも私は何でも予備をたくさん置かないと安心できない。食料品にしてもそうだし、日用雑貨も「買いだめ」の傾向がある。変な話だが、トイレットペーパーなども置き場所ときめてある棚に、いつも一定量が並んでいないと気持ちが悪い。だから牛乳も、冷蔵庫に入れなくてよい牛乳を買い置きしてあり、そのほかに、いろいろなメーカーのをそのときの気分で買ってくる。

ただし、夏はさすがにわざわざ買い置きを飲むこともないとＬＬは休んで、早朝の散歩を兼ねて二十四時間営業の店に買いにいく。歩くことを自分に課しているのだが、暑いときは外へ出るのも面倒になるし、なまけたくなるので、なるべく早朝にする。今年は雨ばかりの夏で、歩くことも少なかったが、郵便を出すとか、小さな買い物など、できるだけ歩きまわる。目的をもって歩くほうが私には適しているようだ。

今朝（十一月三日）は焼きたてのパンが食べたくなって、近くのパン屋さんに行ってみた。例によって遠まわりして、めったに通らない住宅街を歩いていたら、美しい垣根を見つけた。この季節を考えて植えられたのか、梅もどきと、むらさきしきぶが交互に並んでいるのがじつに美しかった。赤と紫の実が、びっしりとついている。

こんな美しさを想像して垣根を作った人がどんな人なのか、会ってみたいな、と思った。秋の一時期を、家の前を通る人が思わず足を止めて眺めるかもしれないと考えたであろうか、たとえば私のように。

決して豪華な住まいではないが、すばらしい垣根の下のほうにはほととぎすの花もある。

来年の秋は毎日この道を通って散歩しよう。

押し花の手紙

押し花の封入された友だちからの手紙、いつもながら年齢に似合わぬかわいい封筒の中には、

「昨日の日曜日、久しぶりで主人といっしょに前に住んでいた北陸の浜を歩いてきました。気持ちよく晴れ上がった初冬の海を、どうしても見てこようと主人が誘うので、家事を放り出して出かけました。冬は荒れて暗い海ですから。浜で見つけた花です。あなたに見せたくて、懐紙《ふところがみ》にはさんできました」

こんなことを書いた手作りのカード。花はつわぶきに似ているが、名は知らない。おつれあいはサラリーマンの日曜画家、友だちは小さな税理士事務

所で手伝いをしている。地方の町で共働きをしている友人夫婦は、日々の暮らしもおつきあいも、できるだけ地味に質素にしているというが、私はいつもその人の心豊かさに、はっとさせられる。すてきな宝物をたくさんもっている人だと思う。

たとえば、私に押し花を送ってくれるセンスも、少女のようなういういしさをもっている証拠である。六十歳に近い年齢で、なおそういう気持ちをもちつづけている女性は少ないのではなかろうか。

おつれあいから、晴れた日の海を見ようと誘われれば、家事を放り出してともに楽しもうとするのも、何かにとらわれて身動きできないガンバリ一途の人にはできないかもしれない。

共働きの主婦にとって、日曜日は家事のかき入れどきのはず。あれもこれも、しなければならないことはあるけれど、この日の海は今日しか見られない、という選択は、やはり、生活には何が大切なのかを、しっかりと理解している人の豊かさだと思う。

生け垣の名札

数日ぶりで近くの住宅街を歩いたら、ところどころの家の生け垣や塀の外にのびている庭木の枝に、白い荷札のようなものが下げてあるのが目についた。

人が外から手をのばしてつけられる高さのところに下げてあるので、このあたりを散歩する人が、木の名を覚えるためにつけていったのであろうか、などと考えながら帰宅した。と、わが家の不粋な万年塀の上からはみ出している枝に「おおばあかめがしわ」と書いてあった。

長く留守にしていたわけでもないし、いつだれがこんなことを思いついてくれたのかしら、と自分の家の木に名札が下がっていることすら気づかなかったうかつさにおどろいた。

お向かいの生け垣には「すだじい」と書いてあった。ちょっと離れたお宅の生け垣も私には同じように見えていたが「かなめもち」とあった。いいかげんに見ていたと反省した。

町内にはいろいろな方が住んでいる。たとえば郷土史家の方は、地域の歴史や語り伝えられた昔話の講義などをボランティアでしているし、趣味の会やレクリエーションの会で講師をしている人もいる。

区内の植物を愛する会でもあって、家々の生け垣などを調べているのだろうかとも思ってみた。

門の内側までは踏み込んでいない名札の下げ方が、つつましい愛好者の行為のように思われた。私の家の赤松の大木は区の保護樹になっているが、これを見つけた区の職員は、黙って庭に入ってきて幹の太さを測っていった。

公園の木にはひとつひとつ名札がついている。すぐ忘れるけれど、名札によってまた名を覚え、通るたびにその名をいってみることで大切な友だちのような気持ちになってくる。

そんな自分を考えても、生け垣や、手の届く庭木の名を、通る人たちに知らせるこの思いつきを、すてきなことだと思い、名札をつけた人、あるいはこの企画をした人にお会いしたいものだと、興味津々《しんしん》である。

小玉すいかを食べながら思うこと

このところ、毎日小玉すいかを食べている。

ひとり暮らしだと、小さなすいかは本当に助かる。大きいすいかのほうがおいしいと思うものが多いが、なにしろ、大きなすいかは冷蔵庫に入れるのに苦労するし、小人数だと何日も食べることになる。すいかを詰め込んだおかげで、奥に押し込まれた納豆《なっとう》を忘れてしまって、アンモニア臭が出てしまったこともある。

私がひとり暮らしになったころから、小玉すいかはどこにでも見られるようになったと思う。小人数家族に合わせてこういうすいかが作り出されたものだろうと、はじめて味わったときはすっかり感心してしまったことを思い出す。

ずいぶん前のことだが、うさぎの毛皮で衣類の材料を作っている人に話を聞いたとき、

「もの作りは、どんなものがほしいかという目的があればできるものですよ。うさぎの毛皮だって、もう少しこんな形なら便利だと思えば、できるものなんです」

と、たくさんのうさぎを飼ってきた経験を話してくれた。

生き物の形だって、目的がきまっていればそういう形にしてしまう人間とは、おそろしい力をもつものだと感じたことがある。消費者ニーズというものに合わせて、すいかも小さく作れるし、ぶどうの種子もなくしてしまう、なすもトマトもきゅうりも、条件さえ整えば雪国でも一年じゅう食べられる野菜になった。

流通もたいへんな役割を果たして、とにかく「消費者が満足するように」と便利さを満足させてもらってきた私たちだが、これからも、なおいっそう

その傾向は強くなるにちがいない。

小玉すいかを食べながら、そんなことを考えていると、なんだか人間のおごりのようにも思えてきて、ときには「すいかも種子がなければもっと食べやすいのに」と思ったりする自分を反省した。そういえば種子なしすいか作りが試みられたこともあったが、あれはやっぱり不成功だったのかと思った。

本当に人間の欲望とはかぎりないものだ。

家族に食べさせた味

急に「レモンカード」の味がなつかしくなって作ろうとしたが、レシピをなくしてしまった。

三十年近く前になるが、亡くなられた宮川敏子先生のお宅に通ってお菓子作りを教えていただいたときのものだった。ケーキに塗ったり、ジャムのようにパンケーキにのせて食べたのがおいしくて、姑や夫にもよく食べさせた。とくに、年老いてからの姑は、食べる量が少なくなったので、このカロリーたっぷりのレモンカードは、おやつにも、朝のパンにもたっぷりつけてあげた。

レシピをなくしてしまったのは、私も年をとって整理下手になったことと、片づけたものの置き場所を忘れてしまうという、なんとも情けない老化現象のせいである。

折よく先日、レモンカードを使う何かの作り方をテレビで放映していたのを、中途から見た。よくわからなかったが、レモンカードの材料表が出たのを、あわてて書きとり、さっそく試してみた。作り方は何度も手がけていたので覚えがある。

卵黄三個と全卵三個、砂糖二五〇グラム、レモンしぼり汁四分の三カップ、バター一二〇グラムという分量は、用意してみると記憶がよみがえってきて、まずバターを小なべで溶かしはじめた手順は、まさに手が覚えていた。卵を溶きほぐしてこし、砂糖を混ぜてとろ火にかけ、熱が通ったところでレモン汁を混ぜ込み、ゆっくりとかき混ぜながら、いいとろみのついたころあいをみて、溶かしバターを加える、という作業がよどみなくできた。

昔私の作っていたのより、甘みが強く、ぽってりとしている。これからまた、自分流に工夫した味にしていこう。

とにかく、材料から見ても栄養たっぷりで、今の私にはカロリー過剰になりがちだが、紅茶のつまみに、カリカリトーストにのせて食べる味は格別だ。

かつては家族のために作っていたものを、今は自分のために作っているだけだが、私にはそれが家族とのつながりを味わっているように感じるのだ。

葉から芽

数年前に、ご近所の方からいただいた珍しい鉢植えの植物、名前を聞いたら「はからめ」と教えられた。

「本当の名は〝アフリカべんけいそう〟とかいうそうですが、私もよくわからないのですよ。暑い国の原産だから、冬は家の中へ入れてやってください。凍ると、溶けてしまいますからね」

と、自分の失敗話をしてくれた。

その人も友人からもらったものだという。葉を土にさしておくと、葉から芽が出てきて、どんどんふえるからといわれ、たくさん鉢植えを作ったのだそうだ。

が、冬になって、家の中に入れてやらなければならないが、狭い家にはたくさんの鉢を持ち込むこともできないので、寒さに慣らしてしまおうと外に出しっ放しにしておいた。そうしたら霜の降りた日、無残な姿になっていたという。せめて屋根の下ならよかっただろうに、とその人はいっていた。

べんけいそうの葉によく似ているが、私も葉から芽を出させて、もういく鉢も作り、身近な人にさしあげている。

紫色の花が咲くというが、私はまだ見ていない。かなり背が高くならないと花はつかないとか。

それにしても、「葉から芽」とはだれがつけたか知らないが、あまりぴったりとした名なので、はじめは日本語とも思われなかった。

植物事典をひいても出てこない。私のもっている二冊には見当たらない。まあ、今度どなたか、詳しい方に教えていただこうと思っている。

今は勢いよく、どんどん大きくなって、一、二枚、葉をとって土の上に置くと、小さな芽が葉のまわりに出てくる。

毎日、水だけをたっぷり与え、たまに植物活性栄養剤を薄めて土の栄養補給をしておく。今年は私も二人の友人に鉢植えを分けた。

人の命は三代四代などと見届けるには長い時間がかかるが、こういう植物の命はどんどん代替わりしていくのが見届けやすい。遺伝子組み換えの研究に使われるには、うってつけだな、と考えさせられている。

みみずのいる庭

三年前、友だちがアスパラガスの苗をもってきてくれた。掘ればみみずのいる庭なので、

「ここなら、三年目くらいには、おいしいグリーンアスパラが食べられると思うわ」

と、ついでに植えていってくれた。

私のところは、手入れをしていないので、木や草が勝手にはびこって、塀の中の空き地みたいだ。だから、訪ねてくる人が、あまったチューリップの球根を植えていってくれたり、「商店街の『花いっぱい運動』で、もらったから」と、近所に住む知り合いの青年が鉢植えの花を置いていったりする。

まだ家族がいたころ、夫とよく行っていたコーヒーのおいしい店があった。夫婦だけでやっている小さな店で、小学生の女の子が、学校から帰るといつも店に来ていて、すみの席で勉強したり遊んだりしていた。

ある日、その子から電話があって、

「おばちゃんのうちに、空いている土地はありませんか」

といった。飼っていた小鳥が死んだので、埋めさせてくれないかという。商店街の店と、住まいのマンションには埋める土地がないのだといった。そしてていねいに埋葬していった。

すっかり大人になったその子が、先日、久しぶりで訪ねてきて、トルコききょうを私に、「ピーコ」（小鳥の名）にはすみれの小さな花束をと、自分が埋めた見覚えのところに置いて帰った。

なんだか、とてもいいものを見たような思いで私はうれしかった。

今年、グリーンアスパラは、ややヒョロヒョロしていたが、五本くらい食べた。カーネーションにつきもののアスパラの葉も、長くのびたので、支えを立てて結んでおいた。

そんな報告をしたら、友だちは、

「マンション暮らしで土に遠い生活していると、仕事先でああいうものをいただいても植えられなくて」

といい、私の暮らしをうらやましいという。

土は命を育て、飲み込んでもいくのだと、しみじみ思った。

落ち椿の演出

庭の椿が盛りに見える。暦の上の立春は過ぎたのだから、と思っても、なにやら今年はどの花も早すぎるようだ。

椿の花を見ていると、いつも、ある話を思い出す。くわしいことは忘れてしまったのだが、さるお茶人にお寺の和尚《おしよう》さまが美しく咲いた椿を一輪届けたが、使いにやらされた小僧さんは、大切にして運んだにもかかわらず、椿の花は包みをとくと落ちてしまっていたという。小僧さんは泣きたい思いで、扱いの不注意をおわびした。するとお茶人は少しもさわがず、小僧さんを茶室に入れ、由緒のある花入れに椿の枝をさし、その下に落ちた花をさりげなく置いて一服のお茶を小僧さんにふるまった、という話である。

茶道にかかわる人にはよく知られた話なのであろうが、私は、何かで孫引きを読んだ記憶がある。読んだときは、どうもできすぎた話だと思って忘れていたのだが、椿がぽとりと落ちているのを見ると、このごろは、ふっとこの話が思い出されるようになった。

今朝も落ち葉や、落ち椿の掃除をしながらこの話を思い出し、椿の枝を花器にさして、下に花を置くなんて、やっぱりすばらしい演出だと思った。とっさにこういう演出を考えるというのは、この話でいえば、花をわざわざ運ばせた和尚さんへの感謝の表現でもあるし、自分の不注意として恐縮しきっている小僧さんへのいたわりでもあることが感じられる。もっといえば、花のもろさをいとしんで、落ち椿の美しさを最後まで飾ってやろうとする心ともいえる。

話がよくできすぎていると思ったときの私は、行く先を急ぎ電車にゆられながら読んだ雑誌の中でこの話を知ったことを思い出す。あわただしいときの感想と、ゆったりと落ち葉を掃いているときの思いは、こうも違うのかと考えた。忙しすぎるとものが見えなくなるようだ。

ただ、話の中の落ち椿は美しいが、散った椿を放っておくと、何ともみじめな風景になる。先日、ちょうどその季節に二日ほど旅行で家をあけた。留守中に雨が降り、帰った翌朝の庭を見たら、紅色の椿の落ち花は茶色になってしどけなく地面にへばりついていた。

熊手でかき取ろうとしても崩れてしまう。美しさの盛りと違いすぎることが辛くなった。

野の草の茶飲み話

近所に住むEさんが、ちょっと立ち寄ってのお茶飲み話に、

「善福寺川《ぜんぷくじがわ》公園でよもぎを摘んで、草もちを作ろうと思ったけれど、なにしろ、公園は犬の散歩でにぎやかでしょ。オシッコかかっているだろうと思うと、摘んでくる気にならないのよ」

といった。わかる、わかると私もいった。

べつに、どうってことはないけれど、私も犬のトイレ風景は公園のあちこちでいつも見ている。嫁菜めしの嫁菜をさがし歩いて、いい場所を見つけたことを話してあげた。

「ほら、杉並高校の塀のあるところ、あそこは、犬を連れている人も奥まで

は入らないから、私は、塀ぎりぎりのところにある嫁菜やよもぎを摘むけれど、あそこまでいったらどう？」

私の経験を述べたが、彼女は、

「でも、犬を放している人だっているわよ。いくら塀ぎりぎりだってわからない。本当は川っぷちのところのを摘みたいのだけれど、まさか、金網フェンスを乗り越えるわけにもいかないじゃないの」

野の草をめぐっての話はなかなかつきない。私よりこの土地に長く住んでいる人だから、この地域のことにはたいへんくわしい。

草もち作りのははこぐさもよもぎも、いくらでも家のまわりに自生していた、つい三十年くらい前までのことを思い出しながら二人は話し、年をとったわねぇ、と顔を見合わせたが、犬の散歩道とは同時に人間の散歩道であり、青々ときれいな葉をのばしている草はとりたくても、立ち入り禁止の場所だから入るわけにはいかないという事情を嘆き合った。

公園として緑が残されたことはすばらしいし、ありがたいことだと思うけれど、すっかり管理されていて、私たちは、ただ見物人でいればいいようだ。

早春の、まだ萌《も》え出したばかりの生毛《うぶげ》のあるよもぎの芽を、私は私の見つけたきれいな場所から摘んできて、さっと塩ゆでしてから冷凍にした。少しずつしか摘めないので、草もち作りのときまで五、六回の摘みとり分を冷凍でためておくつもり。

本作品は一九八九年五月、じゃこめてい出版から刊行された『花の家事ごよみ』を改題し、加筆再編集しました。

吉沢久子―1918年、東京都に生まれる。文化学院を卒業。伝統的な技術や知恵を大切にしながら、現在の生活に生かす提案を続けてきた。著述だけでなく、新聞、雑誌、テレビ、講演に幅広く活躍。
著書には『伝え残しておきたいこと』(じゃこめてい出版)、『私の気ままな老いじたく』(主婦の友社)、『老いて「新しい自分」と出会う』『ひとり暮らしのおいしい食卓』(以上、講談社)、『ひとりで暮らして気楽に老いる』(講談社+α文庫) などがある。

講談社+α文庫 季節感《きせつかん》のある暮《く》らし方《かた》 幸《しあわ》せ感《かん》のある生《い》き方《かた》

吉沢久子《よしざわひさこ》 ©Hisako Yoshizawa 2001

2001年10月20日第1刷発行

発行者――――野間佐和子
発行所――――株式会社 講談社
東京都文京区音羽2-12-21 〒112-8001
電話 出版部(03)5395-3527
販売部(03)5395-5817
業務部(03)5395-3615
装画――――松本孝志
デザイン――――鈴木成一デザイン室
カバー印刷――――凸版印刷株式会社
印刷――――慶昌堂印刷株式会社
製本――――株式会社国宝社

落丁本・乱丁本は小社書籍業務部あてにお送りください。
送料は小社負担にてお取り替えします。
なお、この本の内容についてのお問い合わせは
生活文化第一出版部あてにお願いいたします。
Printed in Japan ISBN4-06-256553-6 (生活文化一)
定価はカバーに表示してあります。

講談社+α文庫 Ⓐ生き方

書名	著者	内容	価格	番号
*マンガ 新米ママの素朴な疑問お助け講座	くぼた美樹	昔よりずっと強いストレスと周囲の無理解の中、孤立無援でがんばる現代のママを応援!!	640円	A 31-1
君について行こう(上) 女房は宇宙をめざす	向井万起男	恋女房が宇宙飛行士になった!! 別居結婚のプロと自負する夫が語る、新しい夫婦のかたち	640円	A 33-1
君について行こう(下) 女房と宇宙飛行士たち	向井万起男	女房と宇宙はいつも刺激的!! 「宇宙飛行士」という人間は、女も男もこんなに面白い!!	740円	A 33-2
*ミッキーのいつでもハッピー❶〜❹	ディズニー ときありえ 訳 秋元 康 解説	恋も友情もいたずらも満載! 明るく元気なミッキーが大活躍の、バイリンガルコミック	各640円	A 34-0
台所から北京が見える 主婦にも家庭以外の人生がある	長澤信子	主婦のままで終わりたくない……なにかをはじめたい人へ、夢を実現させる方法を公開!	680円	A 35-1
美しい生き方に感動しよう	鈴木健二	人知れず光り輝く人々の「こころが洗われるいい話」26篇。人間は感動してこそ美しい!!	640円	A 36-1
いわさきちひろ 知られざる愛の生涯	黒柳徹子 飯沢 匡	天才画家の知られざる素顔、そこには激動の戦中戦後を鮮烈に生き抜いた、苦闘の姿が!!	780円	A 37-1
*母ちひろのぬくもり	松本 猛	若き日の母、アトリエの母、絵のなかの母――芸術家として生きたちひろの姿を息子が語る	680円	A 37-2
妻ちひろの素顔	松本善明	やさしさと強さを秘めた人間いわさきちひろの人生。夫が語るちひろの心、思想、人生観	640円	A 37-3
真説「たけし!」 オレの毒ガス半生記	ビートたけし	芸能界に君臨しつづける超マルチタレント、ビートたけしが、真実の姿を今ここに明かす	680円	A 38-1

*印は書き下ろし・オリジナル作品

表示価格はすべて本体価格(税別)です。本体価格は変更することがあります

講談社+α文庫 Ⓐ生き方

寝たきり婆《ばば》あ猛語録	門野晴子	身体の自由はきかないけれど、口だけは達者なモーレツ婆《ばば》あと家族の痛快介護エッセイ!!	680円	A 39-1
どうすれば愛は長続きするか メイク・ラヴの心理	B・デアンジェリス 小沢瑞穂 訳	全米で読みつがれて100万部を突破。恋愛のもつれからセックスの悩みまでカウンセリング	640円	A 40-1
「ブス論」で読む源氏物語	大塚ひかり	絶世の美男子光源氏が愛した何人ものブスたち。女の美醜と恋の関係、愛される女とは?	740円	A 41-1
エグザイルス すべての旅は自分へとつながっている	ロバート・ハリス	世界を放浪しながら「自分」へと辿《たど》り着くまでの心の軌跡。若者がバイブルと慕う一冊!	680円	A 42-1
オレだって育てる 子どもをつくろう サラリーマンの育児休職	太田睦	思わず言ってしまった言葉の責任をとった男の育児休職初体験! 主夫の日々が始まる!!	680円	A 43-1
こころの対話 25のルール	伊藤守	自分が好きになる。人に会いたくなる。コミュニケーションのちょっとしたコツを知る本	600円	A 44-1
*スヌーピーたちのやさしい関係❶〜❺	チャールズ・M・シュルツ 谷川俊太郎 訳	いつもなごませてくれる、何かを語りかけてくれる人生の友だち! 全巻・河合隼雄解説	各600円	A 45-0
スヌーピーたちの心と時代 だれもが自分の星をもっている	広淵升彦	自分にとって大切なものと自分らしい生き方に出会う本!! 幸せな足音が聞こえてくる!!	740円	A 46-1
ひとりで暮らして気楽に老いる 夫のいない自由な生き方	吉沢久子	元気に楽しく生きるのがいちばん! と老いと出会ってもひとりで自由に快適に暮らす!!	580円	A 47-1
季節感のある暮らし方 幸せ感のある生き方	吉沢久子	旬《しゅん》のものを食べ、四季折々に行う家事を楽しむ。日々を心豊かに暮らす旬のある生き方!	680円	A 47-2

＊印は書き下ろし・オリジナル作品

表示価格はすべて本体価格(税別)です。本体価格は変更することがあります

講談社+α文庫 ©生活情報

ここまでできる頭のいい整理収納術　飯田久恵
手順どおりに実行すればどんな家でもすっきり片づく。「体質改善的」整理収納法を公開!!　580円 C 42-1

*男も女も気になるオシャレの話 ファッション雑学A to Z　伊藤紫朗
ブランドの話、流行の話…知れば知るほど面白い。カッコイイ会話が楽しめる話題満載!!　680円 C 43-1

*似合う変われるヘアが見つかる本　MEN'Sヘアマガジン編集部
顔がデカイ、背が低い、薄毛が心配など、男の悩みと変身願望を解決する、男の髪型革命!!　600円 C 44-1

僕が医者として出来ること ホスピスの歩み、これからの夢　山崎章郎
患者も家族も納得できる医療とは何か。ホスピスの第一人者が、真の医者のあり方を問う　540円 C 45-1

イタリアの食卓 おいしい食材 どう食べるか、どんなワインと合わせるか　林茂
同じパスタでも南は乾燥、北は生——風土に結びついた食材の話から美味さの秘密まで!!　740円 C 46-1

間違いだらけの老人医療と介護　和田秀樹
介護する人も、介護される人も苦しめていた老年医学のウソ、ホントを知って、大安心!　680円 C 47-1

*「水やり」ひとつでこんなに違う!! 鉢植えガーデニング　尾亦房子 小須田進 写真
鉢花を長く楽しむ極意は「水やり」。誰でも簡単にできる水やりのコツとポイントを紹介　1000円 C 48-1

*印は書き下ろし・オリジナル作品

表示価格はすべて本体価格(税別)です。本体価格は変更することがあります